# 그룹활동과 인간관계 훈련 II
-그룹 다이나믹스의 이론과 실제-

전 요 섭 지음

은혜출판사

# The Theory & Practice of Group Dynamics

By
Joseph Jeon
(B·A, M·Div, M·A, Th·M, Ed·M, D·Min)

The Grace Publishing
Seoul Korea

## 그룹 활동과 인간관계 훈련 Ⅱ

# 차 례

인간관계 훈련의 이론/9
인간관계 훈련의 실제/21

1. 미완성 그림 — 23
2. 주고 받는 것들 — 24
3. 경험하고 싶은 것 — 31
4. 가치 구입 — 34
5. 나를 필요로 하는 사람 — 38
6. 분노 — 44
7. 성 — 48
8. 가장 나쁜 사람 — 52
9. 심리적 거리 — 56
10. 실패와 실수 — 59
11. 유언장 — 63
12. 소지품 소개 — 66
13. 성격 — 69
14. 인생의 단면 — 75
15. 습관 — 79
16. 오용과 남용 — 83
17. 비난 — 87
18. 인간관계의 십계명 — 91
19. 신뢰하는 것들 — 95
20. 외모 — 98
21. 그룹집단 — 102

| | |
|---|---|
| 22. 하나님은 누구신가? | 105 |
| 23. 변명 | 109 |
| 24. 대사 만들기 | 113 |
| 25. 용서 | 116 |
| 26. '아니오'라고 말할 수 있는 일 | 120 |
| 27. 불안 | 122 |
| 28. 도덕적 딜레마 | 125 |
| 29. 팔복 | 133 |
| 30. 고민 | 137 |
| 31. 지도자의 자격 | 141 |
| 32. 신성 모독 | 144 |
| 33. 갈등 | 146 |
| 34. 관찰력 | 151 |
| 35. 마르틴 루터와 종교개혁 | 154 |
| 36. 나와 제일 가까운 것들 | 156 |
| 37. 내가 가지고 있는 것 | 159 |
| 38. 다른 사람 자랑하기 | 164 |
| 39. 독서 토론 | 166 |
| 40. 어머니의 말씀 | 169 |
| 41. 이름의 뜻 | 171 |
| 42. 자기 희생과 헌신 | 173 |
| 43. 유산 분할 | 176 |
| 44. 어머니의 인상 | 180 |
| 45. 상대방의 장점 | 182 |
| 46. 좋은 친구 | 186 |
| 47. 꿈이 바뀐 이유 | 189 |
| 48. 별명 짓기 | 192 |
| 49. 미워할 때, 사랑할 때 | 195 |

50. 후회 ———————————————————— 198
51. 하얀 거짓말 ————————————————— 201
52. 어머니의 사랑 ———————————————— 206
53. 위약 효과 ————————————————— 209
54. 부전자전, 모전여전 —————————————— 212
55. 이기주의 —————————————————— 215
56. 가인적 컴프렉스 ——————————————— 218
57. 상처받은 마음 ———————————————— 221
58. 마슬로우의 욕구 단계 ————————————— 225
59. 남자라면, 여자라면 —————————————— 228
60. 역설 ———————————————————— 231
61. 대인관계 비법 ———————————————— 235
62. 열등감 —————————————————— 239
63. 좋은 아들, 좋은 딸 —————————————— 242
64. 오해 ———————————————————— 245
65. 정의와 이해의 차이 —————————————— 249
66. 최근에 있었던 일 ——————————————— 254
67. 끼리 끼리 —————————————————— 256
68. 역할극 ——————————————————— 259

## 저자 서문

필자가 일반 교육학과 기독교 교육학, 상담학, 목회 상담학 및 목회 심리학 등을 연구하면서 항상 가졌던 생각은 많은 사람들을 대상으로 하는 일방적인 주입식 교육을 통해서는 전인 교육을 실시하기가 어렵다는 것이다.

그렇기 때문에 교육 효과의 극대화를 위해서는 그룹 방법의 교육이 시행되어야 한다는 생각을 가져 왔다.

따라서 필자의 이러한 관심은 총신대학교 대학원을 마치면서 "교육 방법에 있어서 그룹 방법에 관한 연구"라는 문학석사학위 논문을 쓰게 되었고 그룹 연구 및 그룹 상담에 몰두하게 되었다.

또 연세대학교에서 상담학을 연구하면서 늘 가졌던 생각은 그룹 상담이 개인 상담보다 문제의 공통성만 발견한다면 훨씬 더 효과적이며 시간적으로 경제적이라는 사실이다.

그리고 그 노력의 정도로 보아서도 경제적이며 보다 치료적이며 예방적이라는 것을 발견했다.

자아 개념의 변화 및 설정에 있어서도 지대한 영향과 효과가 있다고 확신하고 이에 그룹 상담에 대해서 집중적으로 연구하기에 이르렀다.

본서의 그룹 다이나믹스의 이론 부분을 필자의 학위 논문들과 수집된 여러 자료들을 정리하여 만들었다. 인간관계 훈련의 실제 부분은 거의 부분을 필자가 창작하여 고안한 것들이다.

여기에 수록된 자료들은 필자가 교회에서 청소년 교육을 담당하면서, 서울 YMCA 청소년부(Y-Teen)에서 총무로 일하면서 각급 학교 학생들과 지도자들에게와 몇몇 중·고등학교에서 학생들을 대상으로 인간관계 훈련을 실시해 오면서 만든 것들로, 모두 임상 실험을 통해서 정리된 것들이다.

또 필자가 육군 군종 목사로 있을 때 장교들과 병사들을 대상으로 실시했던 프로그램과 대학에서 강의하면서 대학생들을 대상으로 실시했던 것들을 모은 것이다.

또 미국 유학시절 박사 과정 동기생 중 청소년 지도 전문가로부터 얻은 몇 가지 자료들을 우리 실정에 맞게 응용한 것들도 일부 포함되어 있다.

흔히 이 프로그램은 교회에서 청년, 대학부 또는 중·고등부에서 특별 프로그램으로 실시해 왔고 특히 동기, 하기 수련회에서 많이 실시하고 있다.

그러나 지도자들의 공통적인 의견은 인간관계 훈련에 대한 체계가 서 있지 않고, 그룹의 생리에 대한 이해 부족과 지도 요령을 잘 알지 못해서 실패하는 경우가 많아 이 그룹 다이나믹스에 대한 안내서와 프로그램 자료가 풍부한 자료집을 기다려 왔던 것으로 필자가 여러 그룹 다이나믹스 교육 및 세미나에서 강의하면서 확인한 사실이다.

그래서 그룹 다이나믹스에 대해 **쉽게** 이해할 수 있을 정도의 이론과 훈런 프로그램을 묶어 그 안내서로 이미 선을 보인 바 있으나, 반응이 좋은 것으로 생각되어 다시 이론을 보강하였으며 프로그램의 내용도 추가하여 내놓게 되었다.

이 프로그램을 교회에서 실시함에 있어서 우리가 분명히 기억해야 될 것은 이 그룹 방법의 인간관계 훈련은 성경공부가 아니라는 사실이다.

이것은 교회에서 행할 수 있는 하나의 프로그램일 뿐 주요 프로그램인 기도회나 성경공부, 예배를 절대로 대신할 수 없는 것이며 그것에 앞서 가서도 안 될 것이다. 다만 교회에서 행해질 일종의 프로그램이라는 것을 염두에 두어야 한다.

그러나 예배 외에 친교 프로그램으로서는 이것보다 더 좋은 프로그램이 없다고 자신있게 추천하고 싶다.

늘 좋은 책을 발간하기 위해서 기도하고 계시는 은혜 출판사 장사경 사장님과 임직원, 그리고 바쁜 유학 생활 가운데서 착실히 원고 교정을 위해 수고해 준 사랑하는 나의 아내에게 감사의 마음을 전하고 싶다.

연구실에서 전요섭

# 인간관계 훈련의 이론

## 1. 이 훈련을 하면서 구성원들이 기억해야 할 것들

1. '스침'이 아니라 진정한 '만남'이 되기 위해서는 자기의 생각이나 감정을 솔직하게 표현하며 진실한 자세를 갖고 서로 자신의 내면을 보여 주기 위해서 노력해야 한다.
2. 이 훈련을 갖기 전에 가졌던 모든 선입관은 어떤 것이든 다버리도록 해야 한다.
3. 다른 사람의 이야기나 감정의 표현을 적극적으로 이해하도록 노력해야 한다.
4. 지금 이 시간에 이 자리에서 일어나고 있는 대인적 사항에만 초점을 맞추도록 노력해야 한다.
5. 자신의 느낌이나 생각을 상대방에게 잘 알리기 위해 노력해야 한다.
6. 자유로운 분위기에서 자율적이며 자발적으로 말하고 행동한다. 그러나 발표하는 일에 빠지는 일이 없도록 한다.
7. 의도적으로 서로의 인격에 손상을 주는 일이 일어나지 않도록 노력해야 한다.
8. 독창적인 창의성을 발휘해야 한다.
9. 장난기가 섞이면 불쾌해지는 수가 있으므로 잡담이나 필요 이상의 이야기나 몸짓은 삼가한다.
10. 지도자의 지침이나 지시가 있을 때에는 적극적으로 받아들이고 따르도록 한다. 특히, 지도자가 프로그램의 종료를 알려 왔을 때 마무리 시간은 잘 지키도록 한다.
11. 정해진 시간을 두고 만나게 될 경우에는 시간을 철저히 지켜야 한다.

## 2. 이 훈련을 지도하는 요령

1. 지도자는 먼저 실시하게 될 일을 정하고 프로그램을 충분히 숙독한 뒤 해당 그룹에서 실시할 수 있는 것들을 발췌하여 적당한 순서를 정한다.
2. 구성원(Group Member)들이 서로 잘 보이도록 둥글게 앉히고 지도자도 구성원의 일원이 되어 모든 프로그램에 동참 하여야 하며 지도한다는 이유로 자리를 뜨지 말아야 한다.
3. 구성원 모두가 필기 도구와 교재를 준비하게 한다.
4. 프로그램을 실시하기 전에 실시하게 될 해당 프로그램의 방법을 충분히 설명하고 의문에 대해서 질문을 받는다. 그러나 기대 효과나 목적에 대해서는 사전에 설명하지 말고 피드백 이후에 설명하고 기대 효과에 이르렀는지 평가하는 것이 좋다.
5. 마무리할 시간이 되면 조그마한 종 따위를 울려서 종료를 알릴 수도 있다.
6. 프로그램을 마치고 피드백을 할 때 '이 프로그램을 하시면서 무엇을 느꼈는 지 서로 토의해 봅시다'하고 말함으로 시작한다. 이때 느낌에 대한 발표를 강요해서는 안되며 지도자는 자유스러운 분위기를 유도, 보장한다.

피드백에서 다루어질 토의의 내용은 다음과 같다.
(1) 인생관과 신앙관, 윤리관 그리고 가치관 등에 어떤 변화를 가져왔고 또 이런 것들이 어떻게 잘 조화를 이루고 있는가?
(2) '나와 너'를 발견하고 '우리'를 발견하게 되었는가?

(3) 이 훈련을 통해 자신의 생의 문제는 무엇이라고 생각하는가?
(4) 앞으로 자신과 이웃을 위해 어떤 삶을 전개해 나가야 하겠는가?
(5) 다른 사람과 자신을 비교해 볼 때 자신의 잘못된 점을 발견했는가? 또는 자신의 장점을 발견했는가?
(6) 다른 사람과 자신의 차이점은 무엇이고, 그 원인은 어디에 있다고 생각하는가?
(7) 다른 사람과 자신은 서로 어떻게, 어떤 조화를 이루어야 하겠는가?
(8) 그룹 안에서 자신의 생각과 행동에 영향을 주는 보이지 않는 동기들이 있었는가?
(9) 그룹 구성원들이 공동의 목적을 이루기 위해 일체감을 느꼈는가? 진행에 방해되는 요소가 있었다면 무엇이었는가?
(10) 자신이 가지고 있었던 편견이 있었는가?

7. 느낌을 발표할 때 부정적이고 저항적인 태도가 나타나더라도 이를 수용할 수 있도록 해 주어야 한다.
8. 발표의 순서를 정하지 않고 자유롭게 발표하는 것이 좋다. 그러나 시간의 절약과 효과적 진행을 위해서 지도자를 중심으로 시계 방향으로 차례의 방향을 정하는 것도 좋겠다. 그러나 너무 틀에 얽매이거나 강압적이지 않도록 한다.
9. 지나치게 심각한 분위기에 휘말리지 않도록 지도자는 분위기를 조성하는 데 힘써야 한다.
10. 시간이 촉박하다는 인상을 주거나 발언을 제안하는 일이 없도록 한다. 예상보다 시간이 많이 지날 때는 차후의 프로그램을 포기하더라

도 실시되고 있는 프로그램의 마무리를 짓도록 할 때 피드백의 분위기를 손상하지 않도록 한다.
11. 모든 질문은 지도자에게 하고 구성원들 서로간에 귓속말이나 분위기를 헤치는 여타의 잡담을 금하게 한다.
12. 지도자도 구성원으로서 함께 참여하는 적극성을 보이고 쓸데없는 잔소리를 하지 않도록 해야 한다.
13. 모든 프로그램은 원색적인 모방보다는 그룹 상황에 맞게 응용하여 실시해야 한다.
14. 질문에는 항상 친절하게 몇 번이고 답변해 줄 것이지만 개인적인 지도를 위해서 돌아다니는 일은 하지 않도록 한다.
15. 지도자는 카리스마(charisma)적인 권위 내지는 힘보다 그룹의 분위기를 위해 부드럽고 수용(acception)적이어야 한다.
16. 프로그램 진행 도중에는 절대로 중단시키지 말아야 한다.
17. 지도자는 그룹 구성원들의 모든 선입관을 버려야 한다.
18. 지도자는 그룹이 한 사람이나 몇 사람에 의해 독점되는 것을 막아야 한다.
19. 지도자는 중립을 지켜야 한다. 지도자는 편견이 없어야 하고 구성원들에게 지배적인 위치를 보이지 말아야 한다.
20. 지도자가 질문을 던질 때 프린트 종이에 얽매여서는 안된다.

  이외에 질문자가 좀더 관심을 가져 볼 수 있는 것은,
21. 마치 구두 시험을 치르는 것 같은 분위기를 만들지 않도록 주의한다.
22. 부드러운 태도로 하되 가끔 유머 감각을 사용하여 긴장을 풀어 주는

것이 좋다.
23. 대답을 성급하게 요구하지 말고, 대답할 수 있도록 도와주는 분위기를 유도한다.
24. 대답하는 구성원에 대해서는 진지한 경청을 해야 한다.
25. 만족할 만한 대답이 아닐지라도 흡족한 반응을 보여 주는 것이 사기 양양에 도움을 준다.
26. 예, 아니오의 폐쇄형 질문이나 답이 뻔한 질문이 아닌, 왜, 무엇, 어떻게 등으로 시작하는 것이어야 한다.
27. 지도자는 자신을 살아 있는 백과사전인 듯한 인상을 남겨서는 안된다.

## 3. 구성원간의 토의와 대화 요령

1. 그룹 내에서의 토의는 무엇보다도 진실을 기초로 해야 한다. 경쟁이나 비방의 마음이 있어서는 안된다.
2. 구성원들은 연속적인 질문에 따라 대답을 해 가면서 그 주사에 대한 전체적인 내용을 파악할 수 있어야 한다. 그러므로 지도자는 질문의 패도를 언제나 유지해 나가야 한다.
3. 어떤 대화는 분명한 결론에 이를 것이고, 또 어떤 대화는 일치된 결론에 이르지 않을 수도 있다. 일치된 결론에 다다르지 못했을지라도 그룹은 다른 행동을 유발시킬 수 있는 결론을 얻기 위하여 타협점도 마련할 수 있다.

대화의 과정 자체가 교육적이고, 치료적이며, 상담적인 점과 그리고 참여자들은 거기에서 문제의 깊은 이해를 얻게 된 다는 사실을 기억해야 한다.
4. 때때로, 지도자는 인내심 있게 기다려야 한다.

## 4. 훈련과 일정

**1. 기간과 시간**

　이 훈련 프로그램 중 적어도 10개 이상은 실시되어야 충분하다고 볼 수 있다. 한 개의 프로그램이 끝나고는 약 10분간의 휴식이 필요하다.
　따라서 한 개 프로그램에 평균 60분 정도가 소요된다고 볼 때 하루에 10개 이상 실시되기는 어렵다. 그러므로 한 그룹이 10개 정도의 프로그램을 경험하려면 최소한 10시간 이상이 필요하므로 적어도 3~4일간 나누어서 실시되는 것이 이상적이다.
　본래 이 훈련이 처음 실시되면서부터는 2~3주간의 숙박으로 시작되었으나 최근에는 5일에서 7일간 숙박, 혹은 3박 4일간 숙박할 수도 있다. 주말 레브러토리(Weekend Laboratory)라고 해서 2박 3일간 실시되기도 한다.
　일반적으로 교회의 고등부, 청년, 대학부 수련회에서 특별 프로그램으로 실시되기로는 매우 적당하다.

　(1) 완전 합숙제(Total Residential)
　소정의 기간을 모두 합숙하면서 실시하는 것이다.. 짧게는 1박 2일에서 길게는 1주간까지 실시된다. 가장 바람직한 방법이기도 하다.

　(2) 부분적 합숙제(Partial Residential)
　프로그램을 약 5일 정도 실시할 계획이면 4일은 합숙하지 않고 마지막 1박 2일은 합숙하면서 실시하거나, 바꾸어서 첫날은 합숙하고 나머지는 합숙하지 않을 수도 있다.

(3) 비합숙·전일제(Nonresidential, Fulltime)

일체 합숙하지 않고 당일, 아침부터 저녁까지 실시하는 것으로 주 1회씩 3~4회 지속될 수도 있다. 그러나 완전 합숙제보다는 그 효과가 적다고 볼 수 있다.

(4) 비합숙·정시제(Nonresidential, Parttime)

합숙하지 않고 하루에 몇 시간, 정해진 시간에(오후 5시부터 8시까지라든지) 실시하는 것이다. 또는 주에 몇 회씩 출석하면서 실시할 수도 있고 매주말(2시부터 8시 정도) 실시되기도 한다.

인간의 감정이나 마음이란 쉽게 변하는 것이 아니며 인간관계 역시 쉽게 변하는 것이 아니므로 가급적 짧은 시간보다 긴 시간의 과정을 요한다. 때로는 충분한 시간을 갖지 못했을 때 이 훈련을 하지 않은 것보다도 못한 결과를 가져오는 경우도 없지 않다.

복잡하기 이를 데 없는 인간 개개인의 문제와 관계 개선의 복잡성을 해결하는 데 단 몇 시간으로 해결될 것을 기대하는 것은 사실 무리한 바램이다. 병을 치료하기 위해서도 정기적인 투약 또는 장기간 입원과 치료 및 수술을 요하는데 이 인간관계 훈련도 마찬가지이다.

## 5. 장소와 자리 배치

그룹 방법으로 실시하는 인간관계 훈련을 실시하는 장소는 프로그램에 따라 실외에서 실시되는 것도 있지만, 대체로 실내에서 실시하게 된다.

가능하면 조용한 장소로서 복잡한 시설이나 물건이 많지 않고, 주의가 산만하지 않으며 1개 그룹일 경우면 약 12명 정도가 자유스럽게 활동할 수 있는 공간이면 좋다.

가장 이상적이라면 복잡한 도시보다는 산이 있고 물이 있는 한적한 곳이면 좋겠으나 그런 곳이 흔하지 않기 때문에 적어도 더울 때는 시원한 장소, 추울 때는 따뜻한 장소, 즉 냉온방이 잘 된 장소면 효과가 크다고 하겠다.

아울러 상당수의 인원이 12명 정도씩 여러 개의 그룹으로 실시하게 될 경우에는 서로 토의, 발표하는 데 지장을 초래하지 않을 정도의 큰 공간이 필요하다.

자세는 의자에 앉거나 바닥에 앉거나 관계없지만 땅바닥에 앉는 것이 더 좋은 분위기를 유도할 것이다. 의자에 앉게 될 경우는 등받이가 있는 것이 좋을 것이며, 자리의 배치는 구성원 모두가 마주볼 수 있는 위치 조성이 필요하다.

대개 그룹 활동을 하기 위해서 방으로 모인 경우에는 구성원들이 어느 자리에 앉을까 망설이다가 벽에 등을 기대고 앉다 보면 자연히 <그림A>와 같이 네모꼴로 줄지어 자리가 배치된다. 그러면 한쪽 모퉁이에 앉은 구성원은 좌·우에 앉은 구성원 이외에 다른 구성원은 잘 보이지 않는다. 이와 같이 몸을 돌려야 다른 구성원들을 볼 수 있다면, 그것은 좋은 자리 배치가 되지 않은 것이다.

그러므로 <그림B>와 같이 전체 구성원들이 서로 몸을 돌리지 않고도 쉽게 대면할 수 있는 자리 배치가 필요하다. 따라서 자리를 원형으로 재조정하는 것은 무엇보다 우선되어져야 한다.

그래서 버나드 스타인저(Bernard Steinzer)는 소그룹 활동에서 서로 마주보고 앉는 것이 가깝게 앉는 것보다 서로에게 더 많은 느낌과 반응을 보이게 된다고 연구 결과를 발표했다.

모든 구성원들이 장애 없이 서로 마주볼 수 있도록 앉는 것이 중요하며, 아울러서는 서로 간격을 최소화하는 것도 빼놓을 수 없이 중요한 일

20 그룹과 인간관계 훈련 Ⅱ

이다.

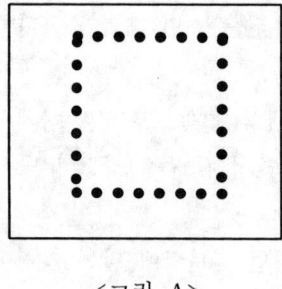

<그림 A>

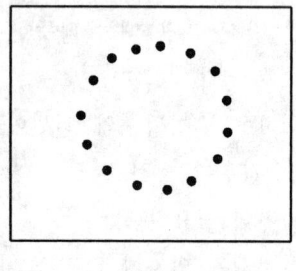

<그림 B>

# 인간관계 훈련의 실제

# 1. 미완성 그림
## (Unfinished Picture)

> 같은 사실을 보고도 생각하는 것은 각자가 다를 수 있다. 특별히 의미가 뚜렷하게 내표되어 있지 않은 추상적인 그림을 보았을 때는 사람마다 생각하는 바가 더욱 차이가 있음을 발견하게 된다. 실제적으로 어떤 차이를 서로 보이고 있는지 이 과정에서 살펴보도록 하자.

1. **적용** : 중·고등학생 및 대학생 그룹의 남녀
2. **인원** : 10명에서 12명 정도가 한 그룹이 된다.
3. **효과** : ㉠ 서로의 생각이 다르고, 발상에 차이가 있음을 경험하게 된다.
   ㉡ 창의성 개발과 상상력 발휘에 도움이 된다.
4. **시간** : 약 60분(생각과 그림 20분, 그림에 대한 설명 30분, 피드백 10분)
5. **방법** : ㉠ 제시된 미완성 그림을 보고 생각대로 그림을 완성켜 본다.
   ㉡ 그림을 완성시켰으면 무엇을 그리려고 했는지 내용을 그림의 하단에 기록한다.
   ㉢ 그림을 다 그리고, 기록을 마쳤으면 서로 비교하고 어떤 그림으로 완성시켰는지 차례로 설명해 본다.
   ㉣ 과정을 모두 마쳤으면 이 프로그램을 통해서 느낀점을 서로 토의해 본다.

## 2. 주고받는 것들
### (Give and Take)

> 인간의 삶이란 누구도 받고만 살 수 없으며 아울러 누구도 주고만 살 수는 없다. 주고 받는 것은 항상 반복 되면서 삶이 진행된다.
> 이 과정을 통해서 가정과 친구와 자신과의 관계에서 자신의 위치와 의무감을 새롭게 인식할 수 있으며 생활에 대한 깊은 통찰력을 갖게 된다.

1. **적용** : 중·고등학생 및 대학생 그룹의 남녀
2. **인원** : 10명 정도가 한 그룹이 된다.
3. **효과** : ㉠ 생활에 대한 깊은 통찰력을 갖게 된다.
   ㉡ 자기 반성의 기회를 갖게 되며 구성원 해가 촉진한다.
   ㉢ 이웃과 어떻게 조화를 이루어야 할 것인가를 이해하게 된다.
4. **시간** : 약 60분(생각과 기록 10분, 기록에 대한 설명 40분, 피드백 10분)
5. **방법** : ㉠ 가정, 친구, 교회, 학교, 이웃, 사회 그리고 이성 친구 등에게서 작은 것이라도 무엇인가 받은 것을 생각나는 대로 기록한다.
   ㉡ 자신이 가정이나 교회 그 밖의 관계에 대해서 기여했다고 생각하는 것(물질적인 것 포함)이 있다면 기록한다.
   ㉢ 기록을 마쳤으면 서로 발표한다.
   ㉣ 이 프로그램을 마치고 이 과정을 통해서 무엇을 느꼈는지

자신에게 어떤 의미를 가져왔는 지 서로 이야기해 보자.

## ■ 주고받는 것들(Give and Take)

1. 가정이 자신에게 주어야하는 것 _____
_____
_____

자신이 가정에 주어야 하는 것 _____
_____
_____

가정에서 자신의 실수 _____
_____
_____

가정에서 요구하는 자신의 모습은? _____
_____
_____

가정에서 어떤 모습이 되고 싶은가? _____
_____
_____

2. 친구가 자신에게 주어야 하는 것 _____
_____
_____
_____

자신이 친구에게 주어야 하는 것 _____
_____
_____
_____

친구에 대한 자신의 실수 _____
_____
_____
_____

친구들 앞에 어떤 모습이 되고 싶은가? _____
_____
_____
_____

가정에서 어떤 모습이 되고 싶은가? _____
_____
_____
_____

3. 교회가 자신에게 주어야 하는 것_____
_____
_____
_____

자신이 교회에 주어야 하는 것_____
_____
_____
_____

교회에서 자신의 실수_____
_____
_____
_____

교회에서 요구하는 자신의 모습은?_____
_____
_____
_____

교회에서 어떤 모습이 되고 싶은가?_____
_____
_____
_____

4. 학교가 자신에게 주어야 하는 것 _____
_____
_____
_____

　　자신이 학교에 주어야 하는 것 _____
_____
_____
_____

　　학교에서 자신의 실수 _____
_____
_____
_____

　　학교에서 요구하는 자신의 모습은? _____
_____
_____
_____

　　학교에서 어떤 모습이 되고 싶은가? _____
_____
_____

## ■ 주고받는 것들(Give and Take)

| | | |
|---|---|---|
| 1. 자신이 가정에서 | 받는다 | |
| | 준다 | |
| 2. 자신이 친구에게 | 받는다 | |
| | 준다 | |
| 3. 자신은 교회에서 | 받는다 | |
| | 준다 | |

## 3. 경험하고 싶은 것
### (Things to experience)

　우리는 어떤 단체에 가입할 때에 목적을 갖게 된다. 또 활동하면서 그것을 달성하고자 노력하게 된다. 이 단체에서 내가 꼭 경험하고 싶은 것과 피하고 싶은 일들이 많이 있을 것이다. 막연히 가지고만 있던 생각들을 구체적으로 기록하여 각자의 생각한 바를 적어 보고 서로 토의해 보자.

1. **적용** : 중·고등학생 및 대학생 그룹의 남녀
2. **인원** : 10명 정도가 한 그룹이 된다.
3. **효과** : ㉠ 그룹의 목표와 그룹 활동에 대한 정보 교환을 갖게 된다.
   ㉡ 그룹 활동에 있어 원칙과 목적을 확립 할 수 있다.
4. **시간** : 약 60분(생각과 기록 10분, 기록에 대한 설명 40분, 피드백 10분)
5. **방법** : ㉠ 어떤 모임에서나 또는 특별한 기간에(예 : 우리 그룹에서, 1995년도에, 12월에) 경험하고 싶은 것이나 피하고 싶은 것이 있다면 그것을 생각나는 대로 다섯 가지만 적어 본다.
   ㉡ 왜 그러한 것을 경험하고 싶은 지 그 이유를 적는다.
   ㉢ 기록한 것들 중에서 제일 비중이 큰것 부터 순위를 적는다. (반드시 경험하고 싶은 것과 꼭 피하고 싶은 것을 1로 하여 차례대로 순위를 기록한다).
   ㉣ 기록을 마쳤으면 서로 발표한다.

㉢ 모든 과정을 마쳤으면 이 과정을 통해서 느낀 점을 서로 이야기해 보자.

## ■ 경험하고 싶은 것(Things to experience)

| 번호 | 경험하고 싶은 것 | 이유 | 순위 |
|---|---|---|---|
| 1 | | | |
| 2 | | | |
| 3 | | | |
| 4 | | | |
| 5 | | | |
| 6 | | | |
| 7 | | | |
| 8 | | | |
| 9 | | | |
| 10 | | | |

## 4. 가치 구입
### (Value)

돈은 어떻게 사용하는가에 대하여 그 사람의 가치관을 단적으로 알아볼 수 있게 된다. 이 과정을 통해서 자신이 가지고 있는 가치관을 더욱 명료하게 하고, 다른 사람이 가지고 있는 가치관도 알아볼 수 있다.

1. **적용** : 중·고등학생 및 대학생 그룹의 남녀
2. **인원** : 8명에서 10명 정도가 한 그룹이 된다.
3. **효과** : ㉠ 자신의 가치관을 더욱 명료하게 한다.
    ㉡ 각 사람마다 관점의 차이가 있음을 발견하게 된다.
    ㉢ 선택의 자율성을 경험하게 된다.
4. **시간** : 약 60분(생각과 기록 10분, 기록에 대한 설명 40분, 피드백 10분)
5. **방법** : ㉠ 2백만원이 있을 때 아래와 같은 내용을 구입하는데 자신에게 가장 필요한 것이나 가장 중요한 것부터 금액에 맞게 구입한다.
    ㉡ 기록을 마친 후에 무엇을 구입했는 지 발표한다.
    ㉢ 구입된 물품들은 가장 중요한 것부터 순위에 따라 기록하고 5년 후에도 그것이 자신에게 지금과 같이 중요한 위치를 차지할 것 같으면 '오'라고 표시하고 10년 후에 그렇게 될 것 같으면 '십', 20년 후에도 여전히 자신에게 중요한

것이라고 생각되면 '이'라고 표시해 둔다.

㉣ 어떻게 해서 그와 같은 내용을 구입했는 지 자신에게 그것이 얼마나 중요한 것인 지에 대해서 발표한다.

㉤ 발표를 마쳤으면 이 프로그램이 가치관을 명료하게 하는데 도움이 되었는 지 또는 무엇을 느꼈는 지 토의해 보자.

6. 내용 :

- 평등(39만원)
- 만족한 결혼(20만원)
- 아름다운 죽음(8만원)
- 보고 싶은 책(5만원)
- 자유로운 여행(7만원)
- 적성에 맞는 직장(7만원)
- 가정의 행복(16만원)
- 이성 사랑(12만원)
- 우정(6만원)
- 돈독한 신앙(35만원)
- 신실한 스승(8만원)
- 슬픈 기억의 보존(35만원)
- 행복한 기억의 보존(7만원)
- 옷(7만원)
- 그룹에서의 선두(34만원)
- 용서하는 삶(71만원)
- 독립된 생활(23만원)
- 인정받는 사람(11마원)
- 미모(21만원)
- 생활의 여유(6만원)
- 구제하는 삶(29만원)
- 먹고 싶은 것(17만원)
- 신앙 생활 보장(41만원)
- 지혜로운 생활(61만원)
- 학위(12만원)
- 쾌락(87만원)
- 웃음(19만원)
- 순교(52만원)
- 완벽한 보호(10만원)
- 건강한 신체(20만원)
- 보석(9만원)
- 명예로운 삶(8만원)
- 높은 권력(14만원)
- 안락한 생활(6만원)
- 원하는 학교에 진학(7만원)
- 진실된 삶(8만원)
- 내세 보장, 구원(86만원)
- 눈물없는 삶(19만원)
- 청결한 양심 보존(43만원)
- 부모 효도(67만원)
- 좋은 이웃(31만원)
- 사랑 실천(73만원)
- 형제간의 우애(21만원)
- 성취감(41만원)

　　　　　· 인기(23만원)　　　　· 성령 체험(13만원)
　　　　　· 편한 죽음(37만원)　　· 전도(44만원)
7. **응용** : ㉠ 돈이 조금 남았을 때는 다른 사람에게 빌려 줄 수도 있고 빌려올 수도 있다.
　　　　　㉡ 반드시 10가지를 구입하지 않아도 된다.

4. 가치 구입 37

## ■ 가치 구입(Value)

| 번호 | 물 건 | 값 | 기 호 ||| 순위 |
| | | | 오 | 십 | 이 | |
|---|---|---|---|---|---|---|
| 1 | | | | | | |
| 2 | | | | | | |
| 3 | | | | | | |
| 4 | | | | | | |
| 5 | | | | | | |
| 6 | | | | | | |
| 7 | | | | | | |
| 8 | | | | | | |
| 9 | | | | | | |
| 10 | | | | | | |

물건 :         가지 총계:         원  잔금 :                  원

## 5. 나를 필요로 하는 사람
(Necessary Person)

> 인간관계 속에서 사는 우리 자신은 독립된 존재가 아니라 서로를 이해하고 도와주는 상호 관계에 있는 것이다. 누구도 도움 없이 살 수 만은 없고 도움만 받고 살아가는 법은 없다. 도움을 주고 받는 것은 항상 반복 되는 것이 일반적인 삶의 형태이다. 그렇지만 도와 줄 수 있는 환경에 있을 때 다른 사람을 돕지 못하는 것은 바람직 하지 못한 삶의 자세이다.
> 이 과정을 통해서 자신이 다른 사람의 필요에 도움을 줄 수 있는 사람이라는 것을 새삼 느끼게 된다.

1. **적용** : 중·고등학생 및 대학생 그룹의 남녀
2. **인원** : 10명에서 12명 정도가 한 그룹이 된다.
3. **효과** : ㉠ 자신을 필요로 하는 사람이 있다는 것을 알게 되고 관심을 갖게 된다.
   ㉡ 다른 사람을 돕고자 하는 마음을 갖게 한다.
4. **시간** : 약 60분(생각과 기록 10분, 기록에 대한 설명 40분, 피드백 10분)
5. **방법** : ㉠ 자신을 필요로 하는 부분(편지, 기도, 위로, 대화, 전화, 시간, 칭찬, 사랑)을 읽고 빈 칸에 해당되는 사람의 이름을 생각나는 대로 5명씩 적어 넣는다.
   ㉡ 그들이 왜 자신의 편지나 기도 등을 필요로 하는지 그럴

만한 이유를 작성한다.
ⓒ 기록된 인원 중에서 가장 도움을 필요로 하는 사람의 순위를 적는다
㉣ 기록을 마쳤으면 서로 발표해 본다.
㉤ 과정을 마쳤으면 이 프로그램을 통해서 느낀 점을 서로 이야기해 보자.

6. 응용 : ㉠ 위로, 기도, 대화, 전화, 시간, 편지, 칭찬, 사랑 외에도 상황에 맞도록 응용하여 문제를 제기할 수도 있다.
㉡ 제시된 내용 중 몇가지만 선택하여 실시할 수도 있다.

## [자신의 위로가 필요한 사람]

| 번호 | 이 름 | 이 유 | 순 위 |
|---|---|---|---|
| 1 | | | |
| 2 | | | |
| 3 | | | |
| 4 | | | |
| 5 | | | |

## [자신의 기도가 필요한 사람]

| 번호 | 이 름 | 이 유 | 순 위 |
|---|---|---|---|
| 1 | | | |
| 2 | | | |
| 3 | | | |
| 4 | | | |
| 5 | | | |

## [자신과 대화가 필요한 사람]

| 번호 | 이 름 | 이 유 | 순 위 |
|---|---|---|---|
| 1 | | | |
| 2 | | | |
| 3 | | | |
| 4 | | | |
| 5 | | | |

## [자신의 전화를 기다리는 사람]

| 번호 | 이 름 | 이 유 | 순 위 |
|---|---|---|---|
| 1 | | | |
| 2 | | | |
| 3 | | | |
| 4 | | | |
| 5 | | | |

## [자신의 시간을 필요로 하는 사람]

| 번호 | 이 름 | 이　　　유 | 순 위 |
|---|---|---|---|
| 1 | | | |
| 2 | | | |
| 3 | | | |
| 4 | | | |
| 5 | | | |

## [자신의 편지를 필요로 하는 사람]

| 번호 | 이 름 | 이　　　유 | 순 위 |
|---|---|---|---|
| 1 | | | |
| 2 | | | |
| 3 | | | |
| 4 | | | |
| 5 | | | |

## [자신의 칭찬이 필요한 사람]

| 번 호 | 이 름 | 이           유 | 순 위 |
|---|---|---|---|
| 1 | | | |
| 2 | | | |
| 3 | | | |
| 4 | | | |
| 5 | | | |

## [자신의 사랑이 필요한 사람]

| 번 호 | 이 름 | 이           유 | 순 위 |
|---|---|---|---|
| 1 | | | |
| 2 | | | |
| 3 | | | |
| 4 | | | |
| 5 | | | |

## 6. 분  노
### (Anger)

　인간이라면 누구나가 삶의 과정 속에서 분노를 경험하게 된다. 분노를 잘 다스리는 사람은 인격적인 완숙에 이른 성숙한 사람이지만, 분노를 바람직하지 못한 방법으로 폭발시킨다든지 통제 기능을 발휘하지 못하면 대인관계를 성공적으로 이끌어 나갈 수 없다. 따라서 우리는 분노의 정체를 바로 알아야 하며 이것을 바르게 처리할 수 있는 성숙한 방법들을 터득 할 수 있어야 할 것이다.
　이 과정을 통해서 각자가 가지고 있는 분노의 개념을 이해해 보며 토의해 보자.

1. **적용** : 중·고등학생 및 대학생 그룹의 남녀
2. **인원** : 10명에서 12명 정도가 한 그룹이 된다.
3. **효과** : ㉠ 분노에 대한 자신의 견해를 명확하게 한다.
　　　　　 ㉡ 인간의 감정을 깊이 이해하게 된다.
4. **시간** : 약 60분(생각과 기록 20분, 기록에 대한 설명 30분, 피드백 10분)
5. **방법** : ㉠ 분노에 대하여 기록한 미완성의 문장과 질문들을 읽고 자세하게 자신의 생각을 기록한다.
　　　　　 ㉡ 자신이 경험했던 상황, 사례 또는 평소에 가지고 있었던 분노에 대한 생각을 구체적으로 기록한다.
　　　　　 ㉢ 기록을 마쳤으면 자신이 기록한 내용을 발표해 본다.

㉣ 서로 발표를 끝냈으면 이 과정을 통해서 무엇을 느꼈는지 이야기해 본다.
6. **응용** : 여기에 기록된 분노에 관한 12가지 항목 외에 여러가지 항목을 추가적으로 만들어서 실시해 볼 수도 있다. 특별히 사례 중심으로 발표해 보는 것이 바람직하다.

## ■ 분노(Anger)

1. 분노의 정의는?

2. 분노가 생기는 원인은?

3. 분노를 표현하는 자신의 방법은?

4. 분노는 무조건 억제해야만 하는가?

5. 정직하게 분노를 표현했을 때 상대방의 반응은?

6. 분노를 다스리는 가장 좋은 방법은?

7. 상대방이 자신에게 분노를 표현했을 때 자신은?

8. 분노가 인간관계에 미치는 영향은?

9. 분노가 극에 달했을 때 자신의 마음 상태는?

10. 인간에게 발산해 버린 분노가 하나님과의 관계에 영향을 주는가?

11. 상대방에게 분노를 표현할 수 밖에 없는 상황인데 분노를 억제했을 때는?

12. 분노를 전혀 표현하지 않고 자주 억제해 버릇한다면 어떤 일이 생기겠는가?

# 7. 성
## (Sex)

> 인간의 생각 속에는 성(性)이라는 오묘하고 아름다우며 호기심 많은 감정이 누구에게나 있다. 이것을 잘 처리할 때는 문제가 없지만 그렇지 않을때는 큰 문제가 되는 것은 사실이다. 그렇다면 우리는 성에 대해 어떠한 견해를 가져야 하며 마음 속에서 발생되는 성욕을 어떻게 처리하여야 하는지 토의해 보자.

1. **적용**: 중·고등학생 및 대학생 그룹의 남녀
2. **인원**: 10명에서 12명 정도가 한 그룹이 된다.
3. **효과**: ㉠ 성에 대한 개념을 새롭게 한다.
   ㉡ 구성원 각자가 성에 대한 관념의 차이가 있음을 알게 된다.
   ㉢ 구성원 서로 문제 해결의 능력을 이해하게 된다.
4. **시간**: 약 60분(생각과 기록 10분, 기록에 대한 설명 30분, 피드백 20분)
5. **방법**: ㉠ 성욕이 생겼을 때 어떻게 처리할 것인가에 대한 다음의 여섯가지 반응을 읽고, 각 반응마다 자신의 생각과 일치하는지 아니면 일치하지 않는 지 생각해 본다. 그리고 그 이유를 적는다.
   ㉡ 성에 대한 견해를 읽고 평소에 가지고 있었던 생각대로 범례에 따라 '대·비·잘·그·절'로 생각의 정도를 평가란에 표시한다.

ⓒ 기록을 마쳤으면 이 프로그램을 통해서 느낀점을 서로 이야기해 본다.
6. **문제제기** : 자신의 마음을 사로잡아 관심이 끌리는 이성을 만난 뒤, 집에서 갑자기 떠오르는 생각 속에서 끌어 오르는 성욕이 있음을 당신은 알게 되었다. 이 성욕을 어떻게 처리하겠는가?

## ■ 성(Sex)

| 번호 | 내 용 | 평 가 | 이 유 |
|---|---|---|---|
| 1 | 부정한다<br><br>나는 절대로 이런 생각을 가져서는 안돼! 이건 마귀가 주는 죄악된 생각이야! | | |
| 2 | 억누른다<br><br>이런 생각은 추잡한건데, 이러면 안되는데 이건 정말 바른 생각이 아닌데... | | |
| 3 | 고백한다<br><br>이런 잘못된 생각과는 싸워야 돼! | | |
| 4 | 이겨낸다<br><br>이런 잘못된 생각과는 싸워야 돼! | | |
| 5 | 방향을 돌린다<br><br>안되겠어. 밖으로 나가서 운동이라도 해야겠어 | | |
| 6 | 표현한다<br><br>여러가지 행위로써 이런 생각을 표현해서 해소시켜 버려야 해! | | |

## ■ 성(Sex)

| 번호 | 내용 | 평가 | 이유 |
|---|---|---|---|
| 1 | 성적인 감정을 느끼는 것은 나쁜 것이다. | | |
| 2 | 기독교인은 성에 대하여 관심을 보이지 않아야 한다. | | |
| 3 | 성과 혼인이 무관한 것이라면 대부분의 남자들은 결혼하지 않을 것이다. | | |
| 4 | 남성이 여성을 필요로 한다기 보다는 여성이 남성을 필요로 한다. | | |
| 5 | 서로 사랑하면 혼전 관계는 나쁘지 않다. | | |
| 6 | 현대인은 성적으로 해방되어 있으므로 보다 행복하다. | | |
| 7 | 성은 감추어져 오묘하고 신비하며 성스러운 면이 있어야 한다. | | |
| 8 | 오늘날 성 문제는 더 늘어나고 해결책은 많아지지 않는 것 같다. | | |
| 9 | 청소년의 성 문제는 성의 개방에서가 아니라 성의 억압 때문이다. | | |
| 10 | 성이 상품화되는 것은 사회의 필요악이다. | | |

◆범례 : 대-대단히 찬성하다.   비-비교적 찬성한다. 잘-잘 모르겠다.
　　　　그-그저 그렇다.　　　 절-절대로 그렇지 않다.

## 8. 가장 나쁜 사람
### (Bad Person)

　가상으로 전개되는 사건을 통해서 등장 인물에 대한 윤리적 평가와 가치관 및 관념의 차이를 점검할 수 있는 과정이다.
　이 과정을 통해서 서로의 가치관, 윤리관 그리고 관념의 차이를 알아 보도록 하자.

1. **적용** : 중·고등학생 및 대학생 그룹의 남녀
2. **인원** : 8명에서 10명 정도가 한 그룹이 된다.
3. **효과** : ㉠ 서로 가치관과 관념의 차이가 있음을 알게된다.
　　　　　㉡ 구성원 서로간에 윤리적 이해가 깊어진다.
4. **시간** : 약 60분(상황 설명 및 생각과 기록 10분, 기록에 대한 설명 40분, 피드백 10분)
5. **방법** : ㉠ 아래와 같은 상황을 생각해 보고 누가 가장 나쁜 사람인지, 무엇이 나쁜지 그 이유를 기록한다.
　　　　　㉡ 등장 인물 중에서 가장 나쁜 사람부터 순위를 기록한다.
　　　　　㉢ 기록을 마쳤으면 그 순서와 이유를 서로 설명하고 느낀 점을 토의해 본다.
　　　　　㉣ 모든 과정을 마쳤으면 이 프로그램을 통해서 무엇을 느꼈는 지 이야기해 본다.
6. **상황** : ㉠ 연숙이와 희철이는 서로 좋아하는 사이였다. 겨울 어느 날 연숙이와 희철이는 스케이트장에 가서 스케이트를 타며 장

난을 하다가 연숙이가 희철이를 밀어 희철이가 넘어지면서 안경이 깨지고 말았다. 연숙이는 앞이 잘 보이지 않는 희철이를 부축하여 의자에 앉혀 놓고 깨진 안경을 가지고 밖으로 나왔다. 그러나 그 곳은 변두리여서 안경점이 없고 안경점은 거기서 택시로 40분이나 가야 한다. 연숙은 안타까웠다.

"가엾은 희철이! 눈이 너무 나빠서 안경이 없이는 아무것도 볼 수 없는데 내 실수로 안경을 깨뜨렸으니 얼마나 지금 답답할까 이를 어쩐담……."
연숙이가 안타까워하며 발을 구르고 있는데 그때 마침 연숙이를 짝사랑하기로 소문난 한구가 오토바이를 타고 그 곳을 지나가고 있었다.

연숙이는 한구에게 사정 이야기를 하며 안경점으로 데려다 달라고 부탁했다. 한구는 데려다 주는 대신에 뒤에서 자신을 꼭 껴안고 가야 하며 입맞춤을 해야 된다는 조건을 붙였다.

연숙이는 그런 치사한 조건이라면 가지 않겠다고 거절하고 승용차를 가지고 있는 성국이에게 전화를 했다. 그러나 성국이는 귀찮다는 듯이 "성가시게 굴지마. 난 너무 바빠서 나갈 수 없어!" 하고 말했다. 그래서 연숙이는 하는 수 없이 한구의 조건을 받아들이기로 했다.

모든 일을 마치고 연숙이는 다시 스케이트장으로 돌아왔다. 앞을 보지 못하고 1시간 동안 기다린 희철이에게 달려가서 안경을 씌워 주고 지금까지 생긴 일에 대해서 자세히 이야기했다.

연숙이는 희철이가 다 이해해줄 줄 알았는데 이야기를 들은 희철이는 굉장히 놀라며 연숙이의 뺨을 때렸다.

"다시는 만나고 싶지 않아. 넌 더러운 행동을 한거야."하며 욕설을 퍼부었다.

연숙이는 분했다. "모두가 다 자기를 위해서 한 일인데……." 그녀는 희철이의 가장 친한 준이라는 친구에게 가서 이 모든 사실에 대해서 이야기하고 희철이를 잘 타일러 부탁을 했다.

연숙이와 준이는 희철이에게로 갔다. 준이는 희철이와 잘 이야기하는 듯 하더니 "남의 일에 상관하지 말아!"라고 하는 소리와 함께 서로 말다툼을 하다가 준이가 희철이를 밀었는데 넘어지면서 또다시 안경이 깨진 것이다. 연숙이는 보복 감정이 생기게 되었고 그 광경을 잘됐다는 듯이 바라보고 있었다. 희철이는 쓰러져서 깨진 안경을 움켜 잡고 코피를 흘리면서 연숙이를 바라보고 있다.

누가 제일 나쁜가?

## ■ 가장 나쁜 사람(Bad Person)

| 번호 | 이 름 | 나 쁜 이 유 | 나쁜순위 |
|---|---|---|---|
| 1 | 연 숙 | | |
| 2 | 희 철 | | |
| 3 | 한 구 | | |
| 4 | 성 국 | | |
| 5 | 준 | | |

## 9. 심리적 거리
(Mental Distance)

> 우리의 생활 주변에는 많은 사람들이 있고 또 이들과 많은 대면, 대화를 하고 있다. 그러나 모든 사람이 자신에게 큰 관심을 베풀지 않는 것처럼 자신도 모든 사람에게 큰 관심을 갖기란 어려운 일이다.
> 심지어는 가족 구성원 중에서도 자신에게 많은 관심을 가지고 있는 사람이 있는가 하면 약간 소홀한 사람도 있다.
> 이 과정을 통해서 자신으로부터 심리적 거리가 가까운 사람, 가까운 일을 생각하고 분석해 보자.

1. **적용** : 중·고등학생 및 대학생 그룹의 남녀
2. **인원** : 10명에서 12명 정도가 한 그룹이 된다.
3. **효과** : ㉠ 다른 사람에 대한 관심의 정도를 재고하게 된다.
   ㉡ 가족을 비롯한 주변의 사람들을 생각하게 된다.
4. **시간** : 약 60분(생각과 기록 10분, 기록에 대한 설명 40분, 피드백 10분)
5. **방법** : ㉠ 가족 뿐만 아니라 집안 친척들 중에서 가장 많은 관심을 가지고 있는 사람을 좌에서부터 차례로 적는다.
   ㉡ 친구 중에서도 가장 가까운 친구부터 기록한다.
   ㉢ 자신이 가장 관심이 많은 일부터 차례대로 기록한다.
   ㉣ 기록을 마쳤으면 첫번째나 두번째는 발표를 해도 좋고 자신만 알고 덮어 두는 것도 좋다. 그리고 세번째 자신이 가

장 관심이 많은 일, 즉 자신으로부터 심리적 거리가 가까운 것들로부터 멀리 있는 것 까지의 내용을 발표해 본다.
㉤ 모든 과정을 마쳤으면 이 프로그램을 통해서 무엇을 느꼈는 지 서로 이야기해 본다.

## ◩ 심리적 거리(Mental Distance)

```
집안


_____

나
```

```
친구


_____

나
```

```
관심있는 일


_____

나
```

## 10. 실패와 실수
(Mistake and Failure)

> 실패와 실수를 저지르는 것 사이에는 큰 차이가 있다.
> 실패란 자신을 위해 세운 목표나 다른 사람이 지정한 목표에 달성하지 못함을 뜻한다. 사람들에게는 능력의 한계가 있기 때문에 실패를 경험할 수 있다. 실수는 자기가 자신의 능력을 발휘하지 않았기 때문에 생기는 잘못된 현상을 뜻한다.
> 이 과정을 통해 자신의 삶의 주변을 살펴보면서 실패와 실수를 분석해 보자.

1. **적용** : 중·고등학생 및 대학생 그룹의 남녀
2. **인원** : 10명에서 12명 정도가 한 그룹이 된다.
3. **효과** : ㉠ 자신의 실패와 실수를 분석하게 된다.
   ㉡ 과거를 반성해 볼 수 있는 기회가 된다.
4. **시간** : 약 60분(생각과 기록 10분, 기록에 대한 설명 40분, 피드백 10분)
5. **방법** : ㉠ 최근 3년 동안 겪었던 실패와 실수를 떠오르는 대로 회상하여 기록한다.
   ㉡ 실패 중에 자신의 책임이 없었던 것은 ×, 자신의 실수로 인한 실패는 ○표로 나타낸다.
   ㉢ 실수 중에서 알면서도 자신의 불찰로 빚어진 것은 ○표, 전혀 알지 못하고 저지른 것은 ×표로 나타낸다.

㉣ 가장 충격이 컸던 실패와 실수를 생각해 보고 충격이 컸던 순서대로 번호를 붙여 보고 왜 충격이 컸는지에 대해서 분석해 본다.
㉮ 기록을 마쳤으면 서로 자신의 실패와 실수를 발표해보고 분석해 본다.
㉯ 과정을 마쳤으면 이 프로그램을 통해서 느낀 점을 서로 토의해 본다.

**[실패** :지난 3년 동안 겪었던 실패를 열거한다.**]**

| 번호 | 실    패 | 표시① | 표시② | 충  격 | 순위 |
|---|---|---|---|---|---|
| 1 | | | | | |
| 2 | | | | | |
| 3 | | | | | |
| 4 | | | | | |
| 5 | | | | | |
| 6 | | | | | |
| 7 | | | | | |
| 8 | | | | | |
| 9 | | | | | |
| 10 | | | | | |

**[실수** :지난 3년 동안 겪었던 실수를 열거한다.**]**

| 번호 | 실　　　수 | 표시① | 표시② | 충　격 | 순위 |
|---|---|---|---|---|---|
| 1 | | | | | |
| 2 | | | | | |
| 3 | | | | | |
| 4 | | | | | |
| 5 | | | | | |
| 6 | | | | | |
| 7 | | | | | |
| 8 | | | | | |
| 9 | | | | | |
| 10 | | | | | |

## 11. 유 언 장
(Last Words)

사람은 나면서부터 죽어야 하는 존재로 태어난다. 따라서 모든 인간은 하나님께서 정해 주신 삶을 살고 난 후에 예외 없이 죽음을 맞이해야함에도 불구하고 죽음이 자신에게만은 찾아오지 않기를 바라는 허왕된 생각을 갖는 경우가 많다. 죽음에 대한 생각은 회피해야 되는 것이 아니라, 직면하며 생각해야 할 내용이다.

죽음을 미리 생각하지 못했기 때문에 삶을 정리하지 못하고 죽은 사람들을 허다하게 볼 수 있다.

이 과정을 통해서 막연했던 죽음을 구체적으로 생각해 보며, 미리 쓰는 유언장을 통해 삶을 정리해 보자.

1. **적용** : 중·고등학생 및 대학생 그룹의 남녀
2. **인원** : 10명에서 12명 정도가 한 그룹이 된다.
3. **효과** : ㉠ 인생관 및 삶의 목표를 재정립하게 된다.
   ㉡ 자기 평가와 삶의 자세를 새롭게 한다.
4. **시간** : 약 60분(생각과 기록 10분, 기록에 대한 설명 30분, 피드백 20분)
5. **방법** : ㉠ 이 세상에 살 수 있는 시간은 불과 1시간밖에 남지 않았다는 가상 상황으로 생각을 이끈다.
   ㉡ 세상을 떠나면서 마지막 유언장을 한 장 남길 수 있는 기회를 갖게 된다.
   ㉢ 자신의 삶을 회상해 보고 남아있는 사람에게 유언을 글로

쓴다.
ⓐ 기록을 마쳤으면 작성한 유언장을 서로 소개해 본다. 그리고 이 과정을 통해서 작성한 유언장으로 그대로 적용할 수 있겠는 지에 대해서 토의해 본다.
ⓑ 과정을 마쳤으면 이 프로그램을 통해서 느낀 점을 서로 이야기해 본다.

■ 유 언 장(Last Words)

유 언 장




199 년 월 일 시 분
유언장 작성자 :        :
서  명 :           (인)

## 12. 소지품 소개
### (Goods)

> 자신이 현재 가지고 있는 소지품은 자신의 활동 및 생활에서 반드시 필요한 것이거나 중요하게 여기는 것이다. 그 소지품을 봄으로써 삶의 단면을 살펴볼 수 있다.
> 이 과정을 통해서 지금 가지고 있는 자신의 소지품을 다른 사람에게 소개해 봄으로써 삶의 단면을 살펴보도록 하자.

1. **적용**: 중·고등학생 및 대학생 그룹의 남녀
2. **인원**: 10명에서 12명 정도가 한 그룹이 된다.
3. **효과**: ㉠ 자신과 다른 사람들의 삶의 단면을 이해하게 된다.
   ㉡ 자신과 다른 사람들의 가치관을 이해하게 된다.
4. **시간**: 약 60분(생각과 기록 10분, 기록에 대한 설명 30분, 피드백 20분)
5. **방법**: ㉠ 자신이 가지고 있는 소지품을 모두 꺼낸다.
   ㉡ 소지품의 이름과 사용 내용을 기록한다.
   ㉢ 각 소지품들의 가격을 대충 짐작하여 기록한다.
   ㉣ 소지품 중에서 가장 중요한 것부터 우선 순위를 적는다.
   ㉤ 기록을 마쳤으면 서로 소개해 본다. 이 때 가격과 중요성 간에 관계에 대해서 언급한다.
   ㉥ 과정을 마쳤으면 이 프로그램을 통해서 느낀 점을 서로 토의해 본다.

6. **주의** : 개인의 프라이버시를 원색적으로 드러내는 소지품이 있으면 소개하지 않을 수도 있다.

## ◘ 소지품 소개(Goods)

| 번호 | 소 지 품 | 사 용 내 용 | 가 격 | 순위 |
|---|---|---|---|---|
| 1 | | | | |
| 2 | | | | |
| 3 | | | | |
| 4 | | | | |
| 5 | | | | |
| 6 | | | | |
| 7 | | | | |
| 8 | | | | |
| 9 | | | | |
| 10 | | | | |

## 13. 성    격
(Character)

사람은 기계가 아니므로 각자 생각하는 바가 모두 다를 수 밖에 없다. 이런 성격이 저런 성격보다 낫다고 단정 지을 수는 없다. 때로는 이런 성격이 필요할 때가 있고, 때로는 저런 성격이 필요할 때가 있는 것이다.

이 과정을 통해서 사람들간에 성격의 차이가 있음을 비교해 보고 이러한 성격의 차이를 어떻게 극복할 것인가를 생각해 보자.

1. **적용** : 중·고등학생 및 대학생 그룹의 남녀
2. **인원** : 10명에서 12명정도가 한 그룹이 된다.
3. **효과** : ㉠ 사람들 간에 성격의 차이가 있음을 알게 된다.
   ㉡ 구성원이 서로 깊이 이해할 수 있게 된다.
4. **시간** : 약 60분(생각과 기록 10분, 기록에 대한 설명 40분, 피드백 10분)
5. **방법** : ㉠ 다음에 기록된 문장을 읽고 그 문장이 자신의 성격을 잘 나타내 주는 것이면 '상' 보통이면 '중' 그렇지 않다고 생각되면 '하'라고 표시한다.
   ㉡ 전체 문장을 읽고 자신의 성격과 가장 일치하는 순서대로 순위를 적는다.
   ㉢ 문장 중에서 고쳐 보기를 원하는 것과, 신장해 나가기를 원하는 것, 고쳐 보려고 했지만 잘 되지 않는 것 그리고 자신

에게는 필요하지 않은 내용을 분석하여 기록한다.
ㄹ) 기록을 마쳤으면 서로 발표한다.
ㅁ) 모든 과정을 마쳤으면 이 과정을 통해서 무엇을 느꼈는지 서로 이야기해 보자.

## ■ 성    격(Character)

| 번호 | 성    격 | 바  램 | 상·중·하 | 순위 |
|---|---|---|---|---|
| 1 | 나는 처음으로 만나는 사람들에게도 먼저 말을 건낸다. | | | |
| 2 | 나는 낯선 사람들과의 모임에서도 편안한 기분을 느낀다. | | | |
| 3 | 나는 어떤 회의에서도 내가 생각했던 것은 솔직하게 말한다. | | | |
| 4 | 나는 어떤 결단을 내려야 할 때에 '예'와 '아니오'를 분명하게 밝힌다. | | | |
| 5 | 나는 누구에게든지 일단 꺼낸 말이면 반드시 책임 진다. | | | |
| 6 | 나는 기분에 따라서 상대방을 평가하지 않는다. | | | |
| 7 | 나는 주위 환경이나 소음 때문에 상대방의 말을 흘려 듣지 않는다. | | | |
| 8 | 나는 낯선 사람들과도 활동적인 일로 협력하기를 꺼려하지 않는다. | | | |

| 번호 | 성　　격 | 바　램 | 상·중·하 | 순위 |
|---|---|---|---|---|
| 9 | 나는 처음 해 보는 일이라고 하더라도 모든 재능을 발휘한다. | | | |
| 10 | 나는 많은 사람들 앞에 나설 때 옷차림이나 용모에 대해서 대범한 편이다. | | | |
| 11 | 나는 윗 사람 뿐 만 아니라 아랫사람과도 잘 어울린다. | | | |
| 12 | 나는 내가 잘 모르는 운동 경기를 하게 되더라도 성의껏 참여한다. | | | |
| 13 | 나는 처음 대하는 음식이라고 하더라도 가리지 않고 잘 먹는다. | | | |
| 14 | 나는 어떤 일에 있어서나 남의 처지를 생각하려고 한다. | | | |
| 15 | 나는 금연 구역에서 흡연을 하는 이에게 다른 사람을 위해 지적하여 그만 두게 한다. | | | |
| 16 | 나는 내가 잘못했을 때에는 잘못했다고 시인하고 잘못된 것을 바로 잡으려고 한다. | | | |

13. 성격

## Ⅰ. 고쳐 보기를 원하는 내용 5가지

1. _____
   _____

2. _____
   _____

3. _____
   _____

4. _____
   _____

5. _____
   _____

## Ⅱ. 계속 신장해 나가기를 원하는 내용 5가지

1. _____
   _____

2. _____
   _____

3. _____
   _____

4. _____
   _____

5. _____
   _____

## III. 가장 잘 되지 않는 내용 5가지

1. _____
2. _____
3. _____
4. _____
5. _____

## IV. 필요하지 않는 내용 5가지

1. _____
2. _____
3. _____
4. _____
5. _____

## 14. 인생의 단면
### (Life)

> 　시간의 사용은 가치관과 비례한다고 볼 수 있다. 즉 어떤 일에 얼마만큼 시간을 보내느냐에 따라서 그 사람의 가치관이 나타난다고 볼 수 있는 것이다.
> 　자신에게 주어진 시간을 무엇을 하면서 어떻게 보내고 있으며 자신의 인생에서 시간, 돈, 일, 에너지 등을 어떻게 조화 있게 사용하는지 이 과정을 통해서 분석해 보자.

1. **적용** : 중·고등학생 및 대학생 그룹의 남녀
2. **인원** : 10명에서 12명 정도가 한 그룹이 된다.
3. **효과** : ㉠ 가치관을 재고하게 한다.
   ㉡ 자신의 삶을 되돌아 보고 분석하게 된다.
4. **시간** : 약 60분(생각과 기록 10분, 기록에 대한 설명 40분, 피드백 10분)
5. **방법** : ㉠ 자신의 하루 생활을 돌이켜 본다.
   ㉡ 매일 다음의 활동에 몇 시간 정도를 보내고 있는 지를 원 안에 표시한다.
   ㉢ 평일의 활동을 기준으로 하며 특별한 날은 나타내지 않도록 한다.
   ㉣ 어떤 일을 하는 데 가장 많은 시간을 보내고 있는 지 분석한다.

ⓜ 완성된 그림을 평가해 보고 그림을 바람직한 모습으로 바꾸고 싶을 때에 어떤 모습을 그려 본다.
ⓗ 기록을 마쳤으면 서로 발표한다.
ⓢ 과정을 마쳤으면 이 프로그램을 통해서 느낀 점을 서로 토의해 본다.

6. **범례** : 집안 일 또는 공부, 식사, 친구 만나는 시간, 취미생활, TV시청, 잡일, 차 타는 시간, 기다리는 시간, 쉬는 시간.

## ◼ 인생의 단면(Life)

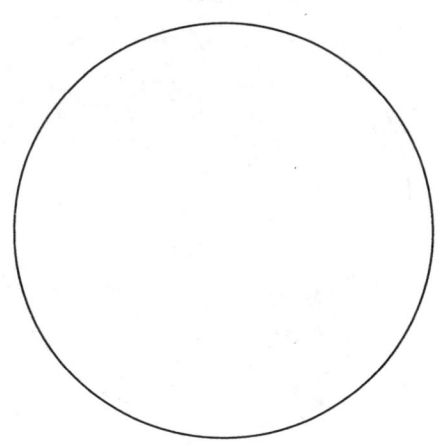

| 번호 | 항 목 | 내 용 | 시 간 |
|---|---|---|---|
| 1 | 가장 많이 보내는 시간 | | |
| 2 | 가장 적게 보내는 시간 | | |
| 3 | 가장 중요한 시간 | | |
| 4 | 가장 즐거운 시간 | | |
| 5 | 가장 지루한 시간 | | |

## ▣ 인생의 단면(Life)

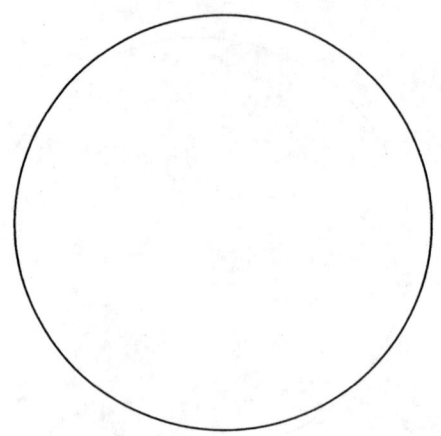

| 번호 | 항 목 | 내 용 | 시 간 |
|---|---|---|---|
| 1 | 가장 많이 보내고 싶은 시간 | | |
| 2 | 가장 적게 보내고 싶은 시간 | | |
| 3 | 가장 중요한 시간 | | |
| 4 | 가장 즐거운 시간 | | |
| 5 | 가장 지루한 시간 | | |

## 15. 습    관
### (Habit)

> 습관이 없는 사람은 한 사람도 없을 것이다. 습관은 살아 가면서 자신도 모르는 사이에 반복되는 버릇으로 형성된 행동이다.
> 습관에는 바람직한 습관이 있는가 하면 바람직하지 못한 습관도 있다. 바람직한 습관은 더욱 개발시켜 나가야하겠지만, 그렇지 않은 습관은 고쳐야 할 것이다.
> 이 과정을 통해서 자신의 습관을 분석해 보도록 하자.

1. **적용** : 중·고등학생 및 대학생 그룹의 남녀
2. **인원** : 10명에서 12명 정도가 한 그룹이 된다.
3. **효과** : ㉠ 자신의 좋고, 나쁜 습관을 분석하게 된다.
   ㉡ 자신에 대한 분석적 관찰력을 갖게 된다.
4. **시간** : 약 60분(생각과 기록 10분, 기록에 대한 설명 40분, 피드백 10분)
5. **방법** : ㉠ 자신의 습관 중에서 바람직한 습관을 생각나는 대로 기록한다.
   ㉡ 위와 같은 습관들이 생기게 된 동기나 그러한 습관을 갖도록 영향을 미친 환경을 적어본다.
   ㉢ 기록된 습관들을 좋은 것부터 순위를 정한다.
   ㉣ 바람직하지 못한 습관도 위와 동일한 방법으로 기록하고 순위를 정한다.

　　　　ⓜ 기록을 마쳤으면 4~5가지씩만 서로 발표해 본다.
　　　　ⓗ 과정을 마쳤으면 이 프로그램을 통해서 느낀점을 서로 토
　　　　　의해 본다.
**6. 응용 :** 신앙인 습관들을 분석하기 위해서 내용을 신앙적인 습관으로
　　　　국한시키는 것도 좋다.

## ■ 습    관(Habit)

<바람직한 습관>

| 번호 | 내    용 | 습관을 갖게 된 동기 | 순 위 |
|---|---|---|---|
| 1 | | | |
| 2 | | | |
| 3 | | | |
| 4 | | | |
| 5 | | | |
| 6 | | | |
| 7 | | | |
| 8 | | | |
| 9 | | | |
| 10 | | | |

<바람직하지 못한 습관>

| 번호 | 내용 | 습관을 갖게 된 동기 | 순위 |
|---|---|---|---|
| 1 | | | |
| 2 | | | |
| 3 | | | |
| 4 | | | |
| 5 | | | |
| 6 | | | |
| 7 | | | |
| 8 | | | |
| 9 | | | |
| 10 | | | |

## 16. 오용과 남용
(Misuse and Abuse)

> 모든 물질이나 제도는 그것이 쓰여지게 될 본래의 목적이 반드시 있다. 그러나 시간이 지나감에 따라서 또는 상황이 변함에 따라서 본래의 목적에서 어긋나게 되고 그 순수성을 잃어버리게 되는 경우가 많이 있다.
> 이 과정을 통해서 자신에게나 사회에 있어서 본래의 목적에서 어긋나 오용과 남용되어지는 것들은 어떤 것들이 있는지 살펴보도록 하자.

1. **적용** : 중·고등학생 및 대학생 그룹의 남녀
2. **인원** : 10명에서 12명정도가 한 그룹이 된다.
3. **효과** : 사물이나 제도에 대한 본래의 목적을 인식하게 된다.
4. **시간** : 약 60분 (생각 과 기록 10분, 기록에 대한 설명 40분, 피드백 10분)
5. **방법** : ㉠ 오용과 남용의 정의를 내려 본다.
   ㉡ 자신의 주변에서 오용과 남용되어지는 내용들을 생각나는 대로 적어 본다.
   ㉢ 그것들의 본래 목적을 생각하여 적는다.
   ㉣ 그것들을 바르게 사용할 방법들을 생각해 본다.
   ㉤ 가장 많이 오용 또는 남용되는 것부터 순위를 적는다.
   ㉥ 기록을 마쳤으면 3~5가지 씩만 서로 발표해 본다.

ⓈⓈ과정을 마쳤으면 이 프로그램을 통해서 느낀 점을 서로 토의해 본다.

16. 오용과 남용 85

■ **오용의 정의** : _____
_____
_____

| 번호 | 오     용 | 본래의 목적 | 바르게 사용된 방안 | 순위 |
|---|---|---|---|---|
| 1 | | | | |
| 2 | | | | |
| 3 | | | | |
| 4 | | | | |
| 5 | | | | |
| 6 | | | | |
| 7 | | | | |
| 8 | | | | |
| 9 | | | | |
| 10 | | | | |

■ **남용의 정의** : _____

_____

_____

| 번호 | 남   용 | 본래의 목적 | 바르게 사용된 방안 | 순위 |
|---|---|---|---|---|
| 1 | | | | |
| 2 | | | | |
| 3 | | | | |
| 4 | | | | |
| 5 | | | | |
| 6 | | | | |
| 7 | | | | |
| 8 | | | | |
| 9 | | | | |
| 10 | | | | |

## 17. 비  난
### (Blame)

> 비난과 비판은 그 개념이 서로 다르다. 비판은 엄정한 판단을 하는 것이지만, 비난은 좋지 않은 감정이 포함되어 힐랄하는 것이다.
> 대인관계 속에서 다른 사람을 비난해 보지 않은 사람은 없을 것이며, 다른 사람으로부터 비난을 받아 보지않은 사람도 없을 것이다.
> 이 과정을 통해서 대인관계 속에서 비난받고 비난해 본 일들을 분석해 보자.

1. **적용** : 중·고등학생 및 대학생 그룹의 남녀
2. **인원** : 10명에서 12명 정도가 한 그룹이 된다.
3. **효과** : ㉠ 대인관계 상황을 점검해 보게 된다.
   ㉡ 자신의 잘못된 생각을 깨닫고 다른 사람을 이해하게 된다.
4. **시간** : 약 60분(생각과 기록 10분, 기록에 대한 설명 40분, 피드백 10분)
5. **방법** : ㉠ 최근 다른 사람으로부터 비난받아 본 일이 있는 지 생각해 보고, 그것을 기억하여 생각나는 대로 다섯 가지를 기록해 본다.
   ㉡ 비난받은 일이 사실과 다른 내용이라면 무엇이 다른지 비난의 내용을 고쳐서 자신의 변명을 기록해 본다.
   ㉢ 가장 충격적이었던 비난부터 순위를 적는다.
   ㉣ 아울러서 최근 자신이 다른 사람을 비난한 일에 대해서 생

각나는 대로 다섯 가지만 기록 한다.
ⓜ 사실과 다른 비난이었으면 어떤부분이 사실과 달랐는지 기록해 보고, 사실을 알 수 없었으면 비난받은 자의 입장에서 변명을 기록해 본다.
ⓑ 상대방이 가장 마음 아파했을 비난의 순위를 기록해 본다.
ⓢ 기록을 마쳤으면 서로 발표해 본다.
ⓞ 과정을 마쳤으면 이 프로그램을 통해서 느낀점을 서로 토의해 본다.

17. 비 난 89

■ **비난의 정의** : _____
_____
_____
_____

| 번호 | 비난받아 본 일 | 사실과 다른 내용(변명) | 순 위 |
|---|---|---|---|
| 1 | | | |
| 2 | | | |
| 3 | | | |
| 4 | | | |
| 5 | | | |
| 6 | | | |
| 7 | | | |
| 8 | | | |
| 9 | | | |
| 10 | | | |

■ 비난해 본 일 : _____

| 번호 | 비난해 본 일 | 사실과 다른 내용(변명) | 순 위 |
|---|---|---|---|
| 1 | | | |
| 2 | | | |
| 3 | | | |
| 4 | | | |
| 5 | | | |
| 6 | | | |
| 7 | | | |
| 8 | | | |
| 9 | | | |
| 10 | | | |

## 18. 인간관계의 십계명
(Ten Commandments in Human Relationship)

우리는 항상 인간관계 속에서 살아 가고 있다. 아리스토텔레스가 "인간은 사회적 동물이다"고 말한 대로 우리는 사회 속에서 인간관계를 형성하면서 살아가고 있는 것이다.

따라서 하루라도 사람을 만나지 않고는 살아갈 수 없는 것이 우리 인간이다. 이같이 수없이 많은 인간을 만나고 대인관계를 형성할 때 나름대로 중요하게 여기는 원칙들을 가지고 있을 것이다.

이 과정을 통해서 그것을 소개하면서 자신과 다른 사람의 인간관계 원칙을 분석하고 알아보자.

1. **적용** : 중·고등학생 및 대학생 그룹의 남녀
2. **인원** : 10명에서 12명 정도가 한 그룹이 된다.
3. **효과** : ㉠ 인간관계에 대한 자신의 가치관을 정립하게 된다.
   ㉡ 인간관계에 대한 다른 사람의 가치관을 알아 볼 수 있는 기회가 된다
4. **시간** : 약 80분(생각과 기록 20분, 기록에 대한 설명 40분, 피드백 20분)
5. **방법** : ㉠ 인간관계에서 중요한 원칙으로 정하고 있는 내용을 생각나는 대로 기록한다.
   ㉡ 그러한 원칙을 갖게 된 이유를 설명해 적어 본다.
   ㉢ 기록한 내용에 우선 순위를 정한다.

㉣ 다른 사람들과 겹치는 것이 있는 지 혹은 자신만이 주장하는 독특한 내용이 있는 지 서로 비교해 본다.
㉤ 서로의 의견을 모아 그룹에서 정한 인간관계의 십계명을 만들어 본다.
㉥ 과정을 마쳤으면 이 프로그램을 통해서 느낀 점을 서로 토의해 본다.

## ▣ 인간관계의 십계명 - 개인

| 번호 | 인간관계의 십계명 내용 | 이 유 | 순 위 |
|---|---|---|---|
| 1 | | | |
| 2 | | | |
| 3 | | | |
| 4 | | | |
| 5 | | | |
| 6 | | | |
| 7 | | | |
| 8 | | | |
| 9 | | | |
| 10 | | | |

## ■ 인간관계의 십계명 - 그룹에서 정한 순위

| 번호 | 인간관계의 십계명 내용 | 이　　　유 | 순위 |
|---|---|---|---|
| 1 | | | |
| 2 | | | |
| 3 | | | |
| 4 | | | |
| 5 | | | |
| 6 | | | |
| 7 | | | |
| 8 | | | |
| 9 | | | |
| 10 | | | |

## 19. 신뢰하는 것들
### (Trust)

사람은 누구나 자신이 신뢰하는 것들이 있게 마련이다. 물론 신앙을 가진 그리스도인들은 하나님과 예수 그리스도를 신뢰하겠지만 엄격히 우리의 마음을 분석해 보면, 우리는 여러가지 다른 것들을 신뢰하고 있다는 사실을 발견하게 된다.
이 과정을 통해서 삶의 주변에서 우리가 신뢰하고 있는 것들은 무엇인지 분석해 보자.

1. **적용** : 중·고등학생 및 대학생 그룹의 남녀
2. **인원** : 10명에서 12명 정도가 한 그룹이 된다.
3. **효과** : ㉠ 사물에 대한 가치를 분석하게 된다.
   ㉡ 자신의 삶의 주변에서 신뢰하는 것들을 면밀히 분석하게 다.
4. **시간** : 약 60분(생각과 기록 10분, 기록에 대한 설명 40분, 피드백 10분)
5. **방법** : ㉠ 자신이 평소에 신뢰하고 있는 것(사람을 포함해서)들을 생각해 보고 생각나는 대로 열가지 정도 적어 본다.
   피상적으로 떠오르는 신뢰의 내용부터 깊이 신뢰하고 있는 것까지 철저히 분석하여 적도록 한다.
   ㉡ 왜 그것(사람)들을 신뢰하는 지 이유를 적어 본다.
   ㉢ 적어 놓은 목록 중에서 신뢰의 비중이 크거나 우선순위가

가장 큰 것부터 차례대로 순위를 정한다.
㉣적어 놓은 내용들 중에 신뢰해서는 안되는 것을 신뢰하고 있는 것은 어떤 것들이 있는지 표시해 둔다.
㉤기록을 마쳤으면 서로 발표해 본다.
㉥과정을 마쳤으면 이 프로그램을 통해서 느낀점을 서로 이야기해 본다.

## ◙ 신뢰의 정의

<신뢰하는 것들>

| 번 호 | 신뢰하는 내용 | 신뢰하는 이유 | 순 위 |
|---|---|---|---|
| 1 | | | |
| 2 | | | |
| 3 | | | |
| 4 | | | |
| 5 | | | |
| 6 | | | |
| 7 | | | |
| 8 | | | |
| 9 | | | |
| 10 | | | |

## 20. 외    모
### (Exterior)

　　자신의 외모를 다른 사람에게 소개할 때 자랑스럽게 여기는 부분들이 있는가 하면 그렇게 여기지 않는 부분도 있을 것이다.
　　때로는 자신의 장점을 너무 부각시켜서 다른 사람으로 하여금 불쾌감을 갖도록 하는 경우가 있는가 하면, 그와 반대로 자신있게 내놓지 못하는 신체부분에 대해서는 열등의식으로 작용하기가 쉽다.
　　이 과정을 통해서 자신의 외모를 분석해 보고 외모에 대한 열등의식이나 우월의식은 없었는지 생각해 보자.

1. **적용** : 중·고등학생 및 대학생 그룹의 남녀
2. **인원** : 10명에서 12명 정도가 한 그룹이 된다.
3. **효과** : ㉠ 자신의 외모에 대한 가치관을 생각해 보게 된다.
　　　　　㉡ 자아 개념을 정리하게 된다.
4. **시간** : 약 60분(생각과 기록 10분, 기록에 대한 설명 40분, 피드백 10분)
5. **방법 1** : ㉠ 자신의 외모 및 인상 착의를 다른 사람들에게(자신을 잘 모르는 사람에게) 소개하기 위해서 서로 돌아가면서 소개한다.
　　　　　　㉡ 소개자의 설명에 구성원들이 동의하는 부분과 동의하지 않는 부분을 적는다.
6. **방법 2** : ㉠ 구성원 가운데 ㉮라는 사람을 선정하여 이 구성원이 ㉯

라는 구성원의 얼굴과 외모 및 그 밖의 인상 착의를 자신이 보고 느낀대로 여러 구성원들에게 설명한다.

ⓒ 설명을 마치고는 그 인상 착의에 대한 설명들을 구성원들은 자신들이 생각했던 표현과 ㉯라는 구성원의 인상 착의를 비교해 본다.

ⓒ 과정을 마쳤으면 이 프로그램을 통하여 느낀 점을 토의해 본다.

< 방 법 1>

| 신체부위 | 나 의 설 명 | 다른 사람의 설명 |
|---|---|---|
| 얼굴 | | |
| 눈 | | |
| 코 | | |
| 입 | | |
| 귀 | | |
| 턱 | | |
| 이마 | | |

20. 외 모 101

## < 방 법 2>

| 신체부위 | 나 의 설 명 | 다른 사람의 설명 |
|---|---|---|
| 피부색 | | |
| 이빨 | | |
| 팔·다리 | | |
| 배·허리 | | |
| 엉덩이 | | |
| 체구 | | |
| 키 | | |

## 21. 그룹 집단
(Group Examination)

> 이 과정을 통해서 자신이 속해 있는 그룹의 성숙도 및 그룹 역학을 진단해 볼 수 있게 된다.

1. **적용** : 중·고등학생 및 대학생 그룹의 남녀
2. **인원** : 10명에서 12명 정도가 한 그룹이 된다.
3. **효과** : ㉠ 그룹의 문제를 진단하고 문제점에 대처할 수 있게 된다.
   ㉡ 그룹의 역학을 분석하게 된다.
4. **시간** : 약 60분(생각과 기록 10분, 기록에 대한 설명 40분, 피드백 10분)
5. **방법** : ㉠ 다음의 기록된 그룹 진단 양식으로 그룹을 진단하고 평가하여 도표 위에 5단계 평가(Likert)중의 한 곳에 점수를 표시한다.
   ㉡ 다음 페이지의 그룹 진단의 문제를 작성한다.
   ㉢ 기록을 마쳤으면 서로 발표해 본다.
   ㉣ 과정을 마쳤으면 이 프로그램을 통해서 느낀 점을 서로 이야기해 본다.

## ■ 그룹 진단(Group Examination)

1. 누구든지 발표했을 때 그 의견을 수용하는 수용도
   1 — 2 — 3 — 4 — 5

2. 누구든지 자신의 고민을 발표할 수 있는 자유도
   1 — 2 — 3 — 4 — 5

3. 서로 발표하고 토의되어진 내용들의 비밀을 지켜줄 신뢰도
   1 — 2 — 3 — 4 — 5

4. 서로 이 그룹을 중요하게 여기는 중요도
   1 — 2 — 3 — 4 — 5

5. 서로 이 그룹을 통해서 발전하게 되는 성숙도
   1 — 2 — 3 — 4 — 5

6. 서로 발표했을 때 반응을 나타내 주는 반응도
   1 — 2 — 3 — 4 — 5

7. 서로 아무 장애없이 토론에 참여하는 참여도
   1 — 2 — 3 — 4 — 5

## ■ 그룹 진단(Group Examination)

1. 이 그룹의 이름은 무엇인가? _____
   _____

2. 이 그룹이 모인 목적은 무엇인가? _____
   _____

3. 이 그룹의 지도자는 누구인가? _____
   _____

4. 이 그룹에서 주로 발표자는 누구인가? _____
   _____

5. 이 그룹에서 듣기만 하는 자는 누구인가? _____
   _____

6. 이 그룹에서 가장 진지한 참여자는 누구인가? _____
   _____

7. 이 그룹에서 가장 조화를 이루는 자는 누구인가? _____
   _____

8. 이 그룹에서 중재자는 누구인가? _____
   _____

9. 이 그룹에서 영향력이 큰 구성원은 누구인가? _____
   _____

10. 이 그룹은 목표를 향하여 나아가고 있는가? _____
    _____

## 22. 하나님은 누구신가?
### (God)

'하나님을 어떻게 생각하고 있는가' 하는 물음에 대한 답변은 많은 공통점이 있지만, 사람마다 그 체험하고 배운 바에 따라 다르게 생각할 수 있다. 그것은 환경과 체험 그리고 신학과 신앙 등 여러 가지 요인에 따라서 형성된 하나님의 개념인 것이다.

이 과정을 통해서 서로 가지고 있는 하나님의 개념을 소개해 보도록 하자.

1. **적용** : 중·고등학생 및 대학생 그룹의 남녀
2. **인원** : 10명에서 12명 정도가 한 그룹이 된다.
3. **효과** : ㉠ 신(神)관에 대한 자신의 개념을 정리하게 된다.
   ㉡ 한 하나님을 믿는 신자들 간에 신관의 차이가 있음을 발견하게 된다.
   ㉢ 환경에 따라 신앙의 차이가 있음을 알게 한다.
4. **시간** : 약 60분(생각과 기록 10분, 기록에 대한 설명 40분, 피드백 10분)
5. **방법 1** : ㉠ 하나님은 어떤 분이신가에 대해서 자신이 생각하는 하나님과 가장 가까운 항목부터 우선 순위를 적어 본다.
   ㉡ 하나님을 그렇게 생각하게 된 이유를 적어 본다.
   ㉢ 기록을 마쳤으면 서로 자신의 내용을 소개해 본다.
   ㉣ 과정을 마쳤으면 이 프로그램을 통해서 느낀 점을 서로

이야기해 본다.

■ 토의

## ▣ 하나님은 누구신가?(God)

| 번호 | 하나님은 어떤 분이신가? | 이 유 | 순 위 |
|---|---|---|---|
| 1 | 누구든지 만날 수 있는 분 | | |
| 2 | 존재는 인정하나 너무 막연하신 분 | | |
| 3 | 예수님의 아버지 | | |
| 4 | 사람의 자유를 속박하시는 분 | | |
| 5 | 사랑 그 자체이신 분 | | |
| 6 | 우리의 인생 이미 태어나기 전부터 결정지워 버리신 분 | | |
| 7 | 우리를 영원한 행복으로 인도하시는 분 | | |
| 8 | 잘못에 대해서 벌을 내리시는 분 | | |
| 9 | 우리의 모든 필요를 채워주시는 아버지 | | |
| 10 | 엄격하신 심판자로서 종말에 인간의 행위에 따라 심판하실 분 | | |
| 11 | 곤란을 당할 때 의탁할 수 있는 분 | | |
| 12 | 우리에게 용기를 북돋우어 주시는 분 | | |

## ■ 하나님은 누구신가?(God)

| 번호 | 하나님은 어떤 분이신가? | 이 유 | 순위 |
|---|---|---|---|
| 13 | 보이지 않는 분 | | |
| 14 | 모든것을 만들어 내신 창조주 이시며 능력자 | | |
| 15 | 연약한 자에게 필요하신 분 | | |
| 16 | 우주의 질서를 정하시고 우주를 움직이시는 분 | | |
| 17 | 성부(하나님), 성자(예수님), 그리고 성령이신 삼위일체 | | |
| 18 | 사람의 생사화복 즉, 살고, 죽는 것과 저주와 복을 주관하신 분 | | |
| 19 | 예수 믿는 사람만 사랑하신 분 | | |
| 20 | 무한이 좋기만 하신 분 | | |
| 21 | 필요하다면 악(병, 사고, 재해)을 통해서도 그가 이루시고자 하는 것을 이루시는 분 | | |
| 22 | 질투가 많으신 분 | | |
| 23 | 기도를 들어 주시는 분 | | |
| 24 | 인간의 마음을 다 알고 계시는 분 | | |

## 23. 변  명
### (Vindication)

　인간은 누구나 자신이 잘못한 것에 대해서 그 책임을 회피하고 전가하려는 본능을 가지고 있다. 따라서 어떤 문제가 발생했을 때 그 결과에 대한 변명을 통해 자기 합리화 및 자기 정당화를 주장하려는 것을 볼 수 있다. 특별히 당연히 해야 할 일을 하지 않았을 경우 그것은 더욱 심해질 것이다.
　이 과정을 통해서 신앙 생활과 관련된 일들을 바람직하게 행하지 못한 변명을 분석해 보고 신앙을 새롭게 정리할 수 있는 기회를 갖게 된다.

1. **적용** : 중·고등학생 및 대학생 그룹의 남녀
2. **인원** : 10명에서 12명 정도가 한 그룹이 된다.
3. **효과** : ㉠ 자신의 신앙 생활을 분석할 수 있다.
　　　　　 ㉡ 바른 신앙생활을 할 수 있는 계기가 마련된다.
4. **시간** : 약 60분(생각과 기록 10분, 기록에 대한 설명 40분, 피드백 10분)
5. **방법 1** : ㉠ 변명의 내용들의 답변을 나름대로 기록한다.
　　　　　　 ㉡ 변명의 내용 가운데서 가장 잘 지켜지지 않았던 것부터 순위를 적는다.
　　　　　　 ㉢ 기록을 마쳤으면 서로 발표해 본다.
　　　　　　 ㉣ 대책란의 예문대로 실행하기 위해서는 어떤 대책이 필요

할 것인지에 대해서 기록해 본다.
㉮ 과정을 마쳤으면 이 프로그램을 통해서 느낀 점을 서로 이야기해 본다.

## ■ 변  명(Vindication)

| 번호 | 변  명 | 대  책 | 순 위 |
|---|---|---|---|
| 1 | 성경을 열심히 읽지 않는 것에 대한 변명 | | |
| 2 | 기도를 열심히 하지 않는 것에 대한 변명 | | |
| 3 | 교회 출석을 열심히 하지 않는 것에 대한 변명 | | |
| 4 | 정성껏 준비된 헌금을 하지 않는 것에 대한 변명 | | |
| 5 | 온전히 헌신하지 않는 것에 대한 변명 | | |
| 6 | 잃은 자를 찾아가 전도하지 않는 것에 대한 변명 | | |
| 7 | 신령과 진정으로 예배들이지 않는 것에 대한 변명 | | |
| 8 | 봉사하지 않는 것에 대한 변명 | | |

## 변 명(Vindication)

| 번호 | 변　　　　명 | 대　　책 | 순 위 |
|---|---|---|---|
| 9 | 미운 사람을 사랑하지 못하는 것에 대한 변명 | | |
| 10 | 하늘에 소망을 더 크게 갖지 못한 것에 대한 변명 | | |
| 11 | 더욱 강력한 자세로 시험을 극복하지 못하는 것에 대한 변명 | | |
| 12 | 항상 기뻐하지 못하는 것에 대한 변명 | | |
| 13 | 범사에 감사하지 못하는 것에 대한 변명 | | |
| 14 | 사람의 단점을 덮어 주지 못하는 것에 대한 변명 | | |
| 15 | 더욱 겸손하지 못한 것에 대한 변명 | | |

## 24. 대사만들기
### (Scenario)

인간은 그 생각이 천차만별이기 때문에 판단하고 행동하며 말하는 것이 모두 다르다. 똑같은 영화를 보고도 느낌이 서로 다를 수도 있고, 한 가지 그림을 보고 느끼는 감정이 사람마다 다르게 나타날 수도 있는 것이다. 그것은 가치관, 윤리관 그리고 교육관 등이 다르기 때문에 나타나는 현상이다.
우리는 이 과정을 통해서 그것을 확인해 보고 느껴보도록 하며, 그 차이를 인정하고 또 좁혀 보도록 하자.

1. **적용** : 중·고등학생 및 대학생 그룹의 남녀
2. **인원** : 10명에서 12명 정도가 한 그룹이 된다.
3. **효과** : ㉠ 각자 관념과 시각의 차이가 있음을 실감하게 된다.
   ㉡ 각자 윤리관과 가치관에 따라 생각의 폭이 크다는 것을 알게 된다.
4. **시간** : 약 60분(생각과 기록 10분, 기록에 대한 설명 30분, 피드백 20분)
5. **방법 1** : ㉠ 다음의 대사없이 그림만 그려진 만화에 대사를 만들어 넣는다.
   ㉡ 나름대로의 대사를 만들었으면 순서를 정하고 서로 발표해 보도록 한다.
   ㉢ 발표할 때는 대사에 맞도록 실제 상황과 같이 소개한다.

㉣과정을 마쳤으면 이 프로그램을 통해서 느낀점을 서로 이야기해 본다.
㉤그룹에서 가장 훌륭한 대사를 선정해 보도록 하자.

◨ 대사만들기(Scenario)

## 25. 용 서
### (Forgiveness)

　　용서를 받지 않아도 될 사람은 이 땅 위에 한 사람도 없을 것이다. 우리는 모두 하나님으로부터 큰 죄에 대해 용서를 받은 사람들이기 때문에 용서받은 대로 용서를 하면서 살아야 된다. 그러나 실제로 우리의 삶이란 용서 받기를 간절히 원하면서 용서해 주기에는 너무도 인색한 삶을 사는 것이 사실이다.
　　이 과정을 통해서 우리가 용서해야 될 것과 용서받아야 될 것 등, 용서에 대해서 생각해 보도록 하자.

1. **적용** : 중·고등학생 및 대학생 그룹의 남녀
2. **인원** : 10명에서 12명 정도가 한 그룹이 된다.
3. **효과** : ㉠ 다른 사람을 이해하게 되는 능력을 갖게 된다.
　　　　　㉡ 인간관계에서 용서받고, 용서하는 일의 중요성을 깨닫게 된다.
4. **시간** : 약 60분(생각과 기록 10분, 기록에 대한 설명 40분, 피드백 10분)
5. **방법 1** : ㉠ 용서받아 본 일과 용서해 본 일들을 생각하여 기록한다.
　　　　　　㉡ 용서받기에 어려웠던 일과 용서하기에 어려웠던 일들이 무엇인 지 기록한다.
　　　　　　㉢ 기록한 내용 중에서 잘못의 정도에 따라 용서받아 보고, 용서해 본 일의 비중을 적는다.

㉣ 기록을 마쳤으면 서로 발표한다.
㉤ 이 프로그램을 통해서 느낀 점을 토의해 본다.

## ■ 용서를 해 본 일들

| 번호 | 내용 | 잘못의 정도 |
|---|---|---|
| 1 | | |
| 2 | | |
| 3 | | |
| 4 | | |
| 5 | | |
| 6 | | |
| 7 | | |
| 8 | | |
| 9 | | |
| 10 | | |

25. 용 서 119

## ◼ 용서를 받아 본 일들

| 번호 | 내             용 | 잘못의 정도 |
|------|------------------|-------------|
| 1    |                  |             |
| 2    |                  |             |
| 3    |                  |             |
| 4    |                  |             |
| 5    |                  |             |
| 6    |                  |             |
| 7    |                  |             |
| 8    |                  |             |
| 9    |                  |             |
| 10   |                  |             |

## 26. '아니오'라고 말할 수 있는 일
(No)

우리의 언어는 생각에서 비롯되고 그 생각은 가치관에서 비롯되는 것이다. 또한 잘못된 일을 '아니오'라고 말할 수 있는 일은 역시 자신의 가치관에 기준을 두는 것이다. 즉, 자신의 가치관에 어긋난 제안을 받았을 때 우리는 '아니오'라고 말하게 되는 것이다.
이 과정을 통해서 자신의 가치관을 정립해 보도록 하자.

1. **적용** : 중·고등학생 및 대학생 그룹의 남녀
2. **인원** : 10명에서 12명 정도가 한 그룹이 된다.
3. **효과** : ㉠ 가치관을 분석하고 정립하는 기회가 된다.
   ㉡ 각자 윤리관에 대한 이해를 깊게 한다.
4. **시간** : 약 60분(생각과 기록 10분, 기록에 대한 설명 40분, 피드백 10분)
5. **방법 1** : ㉠ 지금 당장 죽음으로 위협한다고 할지라도 '아니오'라고 답변할 수 밖에 없는 일이 있는 지 생각해 본다.
   ㉡ 기록한 내용 가운데 우선 순위를 둘 수 있는 것부터 순위를 정한다.
   ㉢ 순서를 정하여 기록한 내용을 발표한다.
   ㉣ 과정을 마쳤으면 이 프로그램을 통해서 느낀 점을 서로 이야기해 본다.

## ▣ '아니오'라고 말할 수 있는 일(NO)

| 번호 | 이　　　　유 | 순 위 |
|---|---|---|
| 1 | '아니오' |  |
| 2 | '아니오' |  |
| 3 | '아니오' |  |
| 4 | '아니오' |  |
| 5 | '아니오' |  |

## 27. 불 안
(Anxiety)

사람들은 불안을 느끼며 살아가고 있다. 우리의 생활 주변을 살펴 보면 우리를 불안하게 만드는 요인들이 산재해 있음을 쉽게 발견할 수 있게 된다.

이 과정을 통해서 우리는 불안의 실체를 파악, 분석해 보고 자신을 불안하게 하는 요인이 무엇인지 그리고 그 불안을 해소하기 위해서는 어떤 대책들이 필요한지를 분석해 보도록 하자.

1. **적용** : 중·고등학생 및 대학생 그룹의 남녀
2. **인원** : 10명에서 12명 정도가 한 그룹이 된다.
3. **효과** : ㉠ 불안의 실체를 발견하고 그 해소의 대책을 분석하게 된다.
   ㉡ 인간의 감정을 더욱 깊이 이해하게 된다.
4. **시간** : 약 60분(생각과 기록 10분, 기록에 대한 설명 40분, 피드백 10분)
5. **방법 1** : ㉠ 자신의 삶의 주변에서 스스로 대처할 수 있는 사항들에는 어떤 것들이 있는 지 분석해 본다.
   ㉡ 자신의 능력으로 도저히 대처해 나갈 수 없는 것들로써 불안하게 하는 것에는 어떤 것들이 있는지 분석해 본다.
   ㉢ 불안의 정도가 큰 순서부터 순위를 정한다.
   ㉣ 불안에 대한 나름대로의 정의를 내리고 적어 본다.
   ㉤ 기록을 마쳤으면 서로 발표해 본다.

ⓑ 과정을 마쳤으면 이 프로그램을 통해서 느낀 점을 서로 이야기해 본다.

## ■ 불안의 정의

| 번호 | 불안하게 하는 사항 | 내       용 | 순 위 |
|---|---|---|---|
| 1 |  |  |  |
| 2 |  |  |  |
| 3 |  |  |  |
| 4 |  |  |  |
| 5 |  |  |  |

## 28. 도덕적 딜레마
### (Moral Dilema)

복잡한 상황들은 윤리적인 결단을 내림에 있어서 역시 복잡한 문제를 제기할 뿐더러 때로는 문제를 어렵게 만든다. Kohlerg의 도덕적 딜레마 중에서 우리의 개념으로 바꾸어 상황을 전개한 아래의 경우들을 읽고, 각 상황에서 제기된 문제들에 자신의 입장을 밝혀 보자.

1. **적용** : 고등학생 및 대학생 그룹의 남녀
2. **인원** : 10명에서 12명 정도가 한 그룹이 된다.
3. **효과** : ㉠ 각자가 가지고 있는 도덕적 개념을 서로 비교해 보고 확고히 하게 된다.
4. **시간** : 약 60분(생각과 기록 10분, 기록에 대한 설명 30분, 피드백 20분)
5. **방법** : ㉠ 지도자는 상황을 읽어 준다.
    ㉡ 구성원들은 상황을 잘 듣고 그 상황에 어떠한 문제가 있는지를 메모한다.
    ㉢ 상황 설명이 마쳐졌으면 기록한 내용들을 발표한다.
    ㉣ 이 과정을 모두 마쳤으면 이 프로그램을 통해서 무엇을 느꼈는지 서로 토의해 본다.
6. **응용** : ㉠ 상황 ①,②,③,④,⑤ 중에서 몇 가지를 선택해서 각자의 생각을 발표하고 토의할 수 있겠다.
    ㉡ 기록된 토의 문제에 제한되지 말고 그 외의 여러 문제를

생각해 보고 토의하도록 한다.
7. **발췌** : 상황 ①,②,③은 Kohlberg의 도덕적 딜레마 중에서 발췌하여 우리 상황에 맞도록 만들었다.

## ■ 상황 1

> 한 남자가 징역 10년을 선고 받았다.
> 그는 복역한 지 1년 후에 견디다 못해 감옥에서 탈출하였다.
> 그는 낯선 곳으로 도망가서 이름을 바꾸고 착실히 생활하였다. 그는 탈옥한 후 8년동안 열심히 일을 했고 자신의 사업을 번창시켜 돈도 많이 벌었다.
> 그는 자신이 거느리고 있는 직원들을 최고의 봉급으로 대우해 주었고 자신의 이익의 대부분을 자선 사업에 투자하였다.
> 그런데 어느날
> 이웃에 사는 '박'씨라는 노인이 8년 전 감옥에서 탈옥한 사람이라는 것을 알아보고 경찰에 신고를 했다.
> 그래서 그는 다시 감옥으로 가게 됐으며 탈옥을 했기 때문에 남은 1년형을 복역하는 것이 아니라 가중처벌로써 5년이상 복역해야 한다.

### 토의문제

1 '박'노인은 탈옥한 남자를 경찰에 신고해서 다시 감옥으로 보냈어야 했는가?

2 탈옥 후에 잘못을 뉘우치며 그에 대한 보상행위로서 자선 사업에 힘쓴 것으로 용서 받을 수 있겠는가?

3 탈옥수인 것을 알고도 신고하지 않은 것은 나쁜 일인가?

4 다시 잘못을 저지를 가능성이 없고 뉘우친 사람을 다시 감옥으로 보내는 것은 정당한 것인가?

5 또 다시 탈옥하여 더욱 선한 일을 하면서 살 경우 그 탈옥은 안정될 수있겠는가?

## ■ 상황 ②

희귀한 암에 걸려 죽게 된 한 부인이 있었다.

의사들은 그 여인을 살릴 수 있는 약이 꼭 한 가지 있다고 한다. 그 약은 그 곳에 사는 약제사가 최초로 발명한 것이었다. 즉 원가는 10만원이었는데 1인분의 약 값이 1,000만원이란 것이다. 병든 부인의 남편은 자기가 아는 사람을 모두 찾아가서 돈을 빌렸으나 약 값의 반인 500만원도 채 구하지 못했다. 그래서 그는 자기 부인의 상태를 약제사에게 이야기하고 약을 좀 싸게 팔거나 아니면 나머지 돈은 다음에 갚게 해 달라고 사정했다. 그러나 약제사는 '안된다'고 거절을 하였다. 그래서 이 남편은 절망한 나머지 자기 부인에게 이런 상황을 얘기했다. 그러나 이 아내는 "당신이 정말로 나를 사랑하면 내가 병 때문에 얼마나 고통 중에 있는지 알아야 하며 그 약이 없으면 나는 죽고 마는데, 그 약을 훔쳐서라도 나를 살려야 되지 않느냐?"며 애원했다. 그러자 남편은 아내를 살리기 위해서 그 약을 훔쳐야 겠다고 생각하고 한밤중에 약제사의 방에 몰래 들어가 약을 훔쳐 내는데 성공했다.

### 토의문제

① 발명한 댓가로 폭리를 취하려는 약제사는 과연 옳았는가? 잘못 되었는가? _____

② 도적질한 남편은 옳았는가? 잘못되었는가? _____

③ 병든 아내의 요구는 옳았는가? 잘못되었는가? _____

④ 가장 나쁜 사람은 누구인가? 왜 나쁜 사람이가? _____

⑤ 최선의 상황 해결 방법은 무엇이겠는가? _____

■ **상황** ③

철수는 15세 된 청소년으로 몹시 여행을 가고 싶어했다.
그래서 철수의 친구들 10명이 여름 방학을 이용하여 여행을 가기로 하고 아버지에게 말씀드렸다.
철수의 아버지는 철수가 돈을 저축할 수만 있다면 얼마든지 여행을 가도 좋다고 약속했다.
철수는 열심히 용돈을 절약해서 5만원을 저축했으며 충분히 여행을 갈 수 있게 되었다. 그런데 갑자기 아버지는 마음이 변해서 아버지의 친구들과 낚시를 떠나기로 했다는 것이다.
아버지는 여행 비용이 약간 모자라서 철수에게 여행을 가지 말라고 하셨다. 그리고는 저축한 돈이 결국 모두 아버지의 돈이 아니냐고 하시면서 달라고 하셨다.
철수는 여러 친구들과 약속한 여행을 포기하고 싶지 않아서 아버지께 돈을 드리지 않겠다고 생각한다.

**토의문제**

1 아버지의 뜻을 거역한 철수의 생각은 옳았는가? 잘못되었는가?
_____
_____

2 변덕과 아들을 이해하지 못한 아버지의 생각은 옳았는가? 잘못 되었는가?
_____
_____

3 철수는 잘못된 부분이 있는가? 무엇인가? _____
_____

4 아버지는 잘못된 부분이 있는가? 무엇인가? _____
_____

5 철수와 아버지의 관계가 좋아지기 위해서는 어떻게 해야 되겠는가?
_____
_____

■ **상황** ④

성수는 열심히 공부한 결과 목적한 대학에 합격이 되었다.
그러나 큰 고민이 생기게 되었다.
아버지께서도 장남인 성수의 합격에 기뻤지만 등록금이 문제였다. 백방으로 노력해 보셨지만 그래도 필요한 만큼의 목돈을 마련할 수가 없었다.
일곱 식구가 아버지의 수입으로 겨우 하루 하루를 살아가는 데도 급급한 형편에서 대학 등록금은 정말 큰 돈이었다.
아버지가 경비원으로 근무하는 회사에 가불을 신청했지만 불과 몇 푼 외에는 그 한도가 넘는다고 해서 면전에서 거절을 당하셨다.
어느날 밤 아버지는 아무도 몰래 회사 창고에서 완성된 전기 제품 두 세트를 내다가 시장에 팔았다. 그리고 성수는 다음날 등록을 했다.

**토의문제**

① 등록금 마련을 위해 도적질한 아버지의 생각은 옳았는가? 잘못되었는가?

② 이런 상황에서 성수가 할 일은 무엇인가?

③ 성수는 어려운 가정 형편 가운데에서도 꼭 진학을 했어야 했는가?

④ 이런 상황에서 바람직한 문제 해결 방안은 무엇이겠는가?

⑤ 아버지의 도적질이 탄로났을 때에는 어떤 상황이 전개될 것 같은가? 그리고 탄로나지 않았다고 하더라도 성수 아버지의 괴로움은 어떠할 것 같은가?

■ **상황** 5

　성희는 같은 반인 영숙이를 늘 시기해 왔다.
　영숙이는 얼굴도 예쁠 뿐 아니라 공부며 운동도 항상 성희보다 앞서는 편이다.
　지난 토요일 방과 후에 영숙이는 교실에 남아서 숙제를 마무리 짓고 있었다.
　사실 방과 후에는 교실에 남아 있지 말고 귀가하거나 도서관을 이용하라는 것이 학교의 방침이다.
　집으로 돌아가던 성희는 영숙이가 교실에 남아있던 일이 궁금해서 다시 교실로 가 보았다.
　집으로 갔는지 영숙이는 보이지 않았다. 그런데 바로 그 때 불량 학생으로 유명한 큰 체격의 남철이가 교실에서 뛰쳐 나오면서 "나를 보았다는 이야기를 아무에게도 하지 마! 만약 했다가는 좋지 못해" 하고 소리쳤다.
　월요일 아침에는 월말 고사를 치를 예정이었다. 담임 선생님은 매사에 치밀한 분이셔서 시험 전에 항상 시험지 매수를 확인하셨다.
　여느 때처럼 시험지를 세시던 선생님께서 "시험지 한 장이 모자라잖아!" 하시며 안색이 달라지셨다.
　"지난 토요일 오후에 교실에 남아 있던 학생이 누구야?" 그러자 모두 다 시선이 영숙이에게로 쏠렸고 선생님께서도 영숙이를 주목하셨다.
　영숙이는 "교실에 있었으나 일찍 집으로 갔으며 시험지는 모릅니다." 라고 말했다.
　그러나 선생님은 영숙이의 말을 일축해 버리고 교무실에 가 있으라고 노한 목소리로 말했다.
　만일 성희가 남철이를 보았다고 말한다면 그녀 또한 교실에 있었다는 것이 드러날 것이며, 그리고 남철이가 두렵기도 해서 성희가 입을 다문다면 아마 이번 월말고사에서는 영숙이를 따돌릴 수 있을 것이다.
　그러나 영숙이는 틀림없이 징계 처분을 받을 것인데······

## 토의문제

1

2

3

4

5

## 29. 팔 복
### (Eight Blessing)

> 예수 그리스도께서 마태복음 산상수훈을 통해 팔 복에 대하여 교훈을 하셨을 때 이것을 우리의 삶 가운데 실현해야 할 중요한 사항으로써 강조하신 것이다. 우리의 삶에 이것들이 얼마만큼 실현되어 있는 지 자신을 분석해 보자.

1. **적용** : 고등학생 및 대학생 그룹의 남녀
2. **인원** : 10명에서 12명 정도가 한 그룹이 된다.
3. **효과** : ㉠ 구성원 서로를 적극적이고 긍정적인 시야로 보게 된다.
   ㉡ 다른 사람에게 비추어진 자신의 모습을 발견하게 된다.
   ㉢ 역동적인 그룹으로 만들어 준다.
   ㉣ 각자 관념의 차이가 있음을 발견하게 된다.
   ㉤ 일상 생활에서 타인의 장점을 발견하려는 노력이 필요함을 인식하게 된다.
4. **시간** : 약 80분(생각과 기록 20분, 기록에 대한 설명 40분, 피드백 20분)
5. **방법** : ㉠ 그룹 구성원들은 (의자에 앉거나 땅바닥에 앉거나) 9명이 모두 서로 잘 보일 수 있도록 원을 만든다.
   ㉡ 다음에 기록된 8가지 복의 내용을 읽어 본다.
   ㉢ 그룹 구성원들을 서로 살펴보고 그 사람의 특징, 성격, 행동 등이 기록된 8가지의 복 중에 하나와 일치된다고 생각하면

상대방의 이름을 빈칸에 적고 어떤 계기에서 상대를 그렇게 보았는 지 간단하게 기록한다.

㉣ 해당되는 사람과 8가지 복의 내용 중에서 특히 일치되는 문장이나 단어에 밑줄을 긋는다.

㉤ 기록을 마쳤으면 순서를 정하여 서로 발표해 본다. 이 과정을 통하여 서로를 긍정적으로 보게 되었는 지 느낀 점에 대해서 토의해 본다.

㉥ 팔복의 내용과 실제 생활과 비교하여 팔복의 내용과 같이 되고 싶은 마음의 상태를 ①매우 그렇다, ②비교적 그렇다, ③보통이다, ④비교적 그렇지 않다, ⑤전혀 그렇지 않다, 중에서 한 가지씩 자기 진단법으로 평가하여 번호를 기록한다.

㉦ 실현 방법은 그 내용을 자신의 생활에서 실현하기 위해서 어떻게 해야 할 지의 방법을 기록한다.

6. 주의 : ㉠ 팔복의 내용 하나에 가장 적합하다고 생각되는 구성원 한 명의이름만 적도록 하고, 각 내용에 빠지는 사람이 없도록 모두 록한다.

㉡ 여기에 기록된 팔복의 내용은 정확한 신학적 의미의 기록이라기 보다는 그 내용의 일부분만을 기록한 것이다.

㉢ 생각하고 기록하는 데 분위기가 어색하지 않도록 조용한 배경 음악을 들려 주어도 좋다.

## ◼ 팔   복(Eight Blessing)

| 번호 | 내　　　　용 | 이　름 | 특　성 |
|---|---|---|---|
| 1 | **마음이 가난한 자**<br>자신에게 무엇인가 부족하다고 인정하면서 항상 하나님의 말씀을 배우고자 마음을 비워 놓는 사람 | | |
| 2 | **애통하는 자**<br>다른 이의 슬픔을 내 슬픔처럼 생각하고 조그마한 잘못에도 민감하게 회개하며 죄를 슬퍼하는 사람 | | |
| 3 | **온유한 자**<br>다른 사람들 앞에서 자신의 모습을 가식없이 드러내 놓음으로 열린 마음을 보여 주어 누구에게나 호감을 주고 극단에서지 않는 사람 | | |
| 4 | **의에 주리고 목마른 자**<br>모든 일을 영적으로 생각하고, 할 수만 있으면 선한 일을 하려고 최선을 다하며, 남이 알아 주든 그렇지 않든 자기를 희생해서 돕기를 기뻐하는 사람 | | |
| 5 | **긍휼히 여기는 자**<br>슬픔에 처해 있는 사람을 불쌍히 여길 줄 알며, 그 사람을 최선을 다해 도와주며, 보상을 받을 생각을 하지 않으며, 부모님과 같이 넓은 마음을 가지고 용서가 생활화된 사람 | | |

## ■ 팔 복(Eight Blessing)

| 번호 | 내　　　　용 | 이름 | 특　성 |
|---|---|---|---|
| 6 | **마음이 청결한 자**<br>거짓이 없고 항상 마음과 행실이 깨끗하며, 속을지언정 속이지 않고, 순수하고 순결하고 단순하며 어린아이와 같이 마음을 가진 사람 | | |
| 7 | **화평케 하는 자**<br>절대로 다툼이 없으며 이 사람으로 인해서 어두웠던 분위기가 사라지고 서로가 즐겁고 화평한 분위기가 되어 언제나 꼭 있어야 되는 사람 | | |
| 8 | **의를 위하여 핍박을 받는 자**<br>정의감에 불타고 하나님의 말씀을 액면 그대로 믿고 실행에 옮기려고 무척 애쓰며, 의라고 생각했을 때에는 어떤 어려움도 불사하는 적극적인 사람 | | |

## 30. 고    민
(Worry)

현대 사회는 '고민의 사회'라고 할 수 있을 만큼 우리는 고민 속에서 살고 '고민을' 느끼고, '고민을' 보고, '고민을' 듣고, '고민을' 나누고, '고민을' 이야기하며 살아가는 것을 발견할 수 있다. 때로는 같은 고민이지만 어떤 것은 더욱 크게 무겁게 느껴지고, 어떤 것은 가볍게 쉽게 느껴지는 것도 있을 것이다.

이 과정을 통해서 자신의 내면에 자리잡고 있는 고민을 분석해 보자.

1. **적용** : 중·고등학생 및 대학생 그룹의 남녀
2. **인원** : 10명에서 12명 정도가 한 그룹이 된다.
3. **효과** : ㉠ 구성원 간에 수용적 태도가 증진되고 친밀한 상태로 발전된다.
   ㉡ 서로 간의 인간적인 이해가 깊어진다.
   ㉢ 문제를 직시하고 분석하며 해결하는 능력을 갖게 된다.
4. **시간** : 약 60분(생각과 기록 10분, 기록에 대한 설명 40분, 피드백 10분)
5. **방법 1** : ㉠ 다음의 예시된 고민의 내용을 읽고 가장 큰 고민, 가장 먼저 해결되기를 바라는 고민부터 우선 순위를 적는다.
   ㉡ 고민의 구체적인 내용을 적는다.
   ㉢ 기록을 마쳤으면 고민을 다섯가지만 서로 소개한다.

㉣ 이 그룹에서 고민의 공통된 점이 있었는 지 분석해 보고 가장 큰 고민은 무엇이었는 지를 생각해 본다.
㉤ 과정을 마쳤으면 이 프로그램을 통해서 느낀 점을 서로 이야기해 본다.

## ■ 고　민(Worry)

| 번호 | 고　　　민 | 고민의 구체적인 내용 | 순 위 |
|---|---|---|---|
| 1 | 친구에 대한 고민 | | |
| 2 | 신앙에 대한 고민 | | |
| 3 | 옷차림에 대한 고민 | | |
| 4 | 가정에 대한 고민 | | |
| 5 | 성격에 대한 고민 | | |
| 6 | 이성에 대한 고민 | | |
| 7 | 진로에 대한 고민 | | |
| 8 | 습관에 대한 고민 | | |

## ■ 고  민(Worry)

| 번호 | 고  민 | 고민의 구체적인 내용 | 순 위 |
|---|---|---|---|
| 9 | 공해, 환경 오염에 대한 고민 | | |
| 10 | 결혼에 대한 고민 | | |
| 11 | 학업 성적에 대한 고민 | | |
| 12 | 신체에 대한 고민 | | |
| 13 | 정치에 대한 고민 | | |
| 14 | 윤리, 도덕에 대한 고민 | | |
| 15 | 경제, 금전에 대한 고민 | | |
| 16 | 가치관에 대한 고민 | | |

## 31. 지도자의 자격
(Qualitication of Leader)

가정, 학교, 교회, 회사, 군대, 국가 등 어떤 공동체이든지 그 공동체에는 지도자가 있게 마련이다. 지도자는 그 구성원들의 모범이 되고 존경받을 만한 인물이 되어야 만이 지도력을 갖게 되는 것이며 많은 호응과 지지를 받을 수 있게 된다.
이 과정을 통해서 자신이 소속되어 있는 그룹이 성공적으로 나아가기 위해서 지도자가 갖추어야 할 자격에는 어떤 것들이 있는지 살펴 보도록 하자.

1. **적용** : 중·고등학생 및 대학생 그룹의 남녀
2. **인원** : 10명에서 12명 정도가 한 그룹이 된다.
3. **효과** : ㉠ 지도력에 대해 깊이 이해할 수 있게 된다.
　　　　㉡ 지도자의 자질과 자격에 대한 나름대로의 주관이 설정된다.
4. **시간** : 약 60분(생각과 기록 10분, 기록에 대한 설명 40분, 피드백 10분)
5. **방법 1** : ㉠ 우리 그룹(교회, 학교, 사회, 국가 등)을 바르게 이끌어 갈 수 있는 지도자의 자격에는 어떤 것들이 있는 지를 생각나는 대로 기록한다.
　　　　　㉡ 어떤 이유에서 이와 같은 것들을 기록했는 지, 자신이 선정한 자격이 왜 중요한 지에 대한 이유를 적는다.
　　　　　㉢ 기록한 지도자의 자격들 중에서 가장 중요하다고 생각되

는 것부터 우선순위를 정한다.
ⓔ 기록을 마쳤으면 지도자의 자격과 지도력에 대해서 서로 무엇을 기록했는 지 발표해 본다.
ⓜ 그룹 전체의 의견을 종합해 보고 자신이 선택한 내용과 비교해 보도록 한다.
ⓗ 과정을 마쳤으면 이 프로그램을 통해서 느낀 점을 이야기해 본다.

## ■ 지도자의 자격(Qualitication of Leader)

| 번호 | 지도자의 자격 | 이 유 | 순위 |
|---|---|---|---|
| 1 | | | |
| 2 | | | |
| 3 | | | |
| 4 | | | |
| 5 | | | |
| 6 | | | |
| 7 | | | |
| 8 | | | |
| 9 | | | |
| 10 | | | |

## 32. 신성모독
### (Blasphemy)

> 우리의 신앙생활을 엄밀히 분석해 보면 신성모독을 하는 경우들이 있음을 부인할 수 없다. 현재 우리들의 신앙생활 가운데 신성모독을 하고 있는 것들을 분석해 보고 그것을 막을 수 있는 방법에 대해서도 토의해 보자.

1. **적용** : 고등학생 및 대학생 그룹의 남녀
2. **인원** : 10명에서 12명 정도가 한 그룹이 된다.
3. **효과** : ㉠ 자신의 신앙생활을 분석해 보며 신앙자세를 확립하게 된다.
   ㉡ 구성원 서로 간에 대하여 신앙을 이해하게 된다.
4. **시간** : 약 50분 정도(생각과 기록 10분, 기록에 대한 설명 30분, 느낌에 대한 토의 10분)
5. **방법** : ㉠ 기독교 신앙생활의 실태를 생각해 보며 그 가운데 신성모독의 행위라고 생각되는 것들을 생각나는 대로 기록한다.
   ㉡ 그 심각성의 순서를 정한다.
   ㉢ 해결책을 생각해 본다.
   ㉣ 기록을 마쳤으면 서로 토의한다.

## ■ 신성모독(Blasphemy)

| 번호 | 신성모독을 하는 행위 | 심각성 순위 | 대　　책 |
|---|---|---|---|
| 1 |  |  |  |
| 2 |  |  |  |
| 3 |  |  |  |
| 4 |  |  |  |
| 5 |  |  |  |

## 33. 갈 등
### (Conflic)

인간에게는 누구나 갈등이 있으며 이 갈등은 전생을 거쳐 경험하게 된다. 이 갈등은 심리학에서 크게 세가지로 구분 하는데 첫째 접근 - 접근 갈등, 둘째 접근 - 회피 갈등 세째, 회피 - 회피갈등이다. 또 두번째로 접근 - 회피 갈등은 어느 한가지 내용에는 접근, 소유, 해결, 선택, 수용하고 싶으나 또 다른 한가지는 회피하고 싶은 내용이 동시에 다가온 경우를 말한다.

또 세번째로는 회피 - 회피갈등으로, 이는 접근 - 접근과 반대되는 상태를 말한다. 즉 동시에 두가지의 내용이 접근해 왔으나, 두가지 모두 접근하고 싶지 않고 오직 회피하고 싶은 내용들일때 이를 회피 - 회피갈등 이라고 말한다. 인간의 삶이란 이런 세가지 범주의 갈등 구조를 가지고 있으며 일생 동안 이 갈등을 겪으면서 살다간다고 볼 수 있다. 우리 자신의 삶을 돌이켜 보면서 이러한 갈등들을 분석해 보고 토의해 보자.

1. **적용** : 고등학생 및 대학생 그룹의 남녀
2. **인원** : 10명에서 12명 정도가 한 그룹이 된다.
3. **효과** : ㉠ 위기와 갈등 상황을 분석해 봄으로써 위기와 갈등을 극복하고자 하는 능력이 신장된다.
   ㉡ 구성원 개개인에 대한 이해가 깊어진다.
4. **시간** : 약 60분 정도(생각과 기록 20분, 기록에 대한 설명 30분, 느낌에 대한 토의 10분)

**5. 방법 :** ㉠ 접근 - 접근 갈등

먼저 접근 - 접근 갈등에 어떤 것들을 경험했으며 어떻게 처리했는 지를 생각해 보고 세가지만 기록해 보자.

㉡ 접근 - 회피 갈등

두번째로 접근 - 회피 갈등에 어떤 것들을 경험했으며 어떻게 처리했는 지를 생각해 보고 세가지만 기록해 보자.

㉢ 회피 - 회피 갈등

세번째로 회피 - 회피 갈등에 어떤 것들을 경험했으며 어떻게 처리했는 지를 생각해 보고 세가지만 기록해 보자.

## ■ 접근 - 접근 갈등

| 갈등순위 | 갈 등 내 용 | 처 리 방 법 |
|---|---|---|
| 1 | | |
| 2 | | |
| 3 | | |

33. 갈 등 149

## ▣ 접근 - 회피 갈등

| 갈등<br>순위 | 갈 등 내 용 | 처 리 방 법 |
|---|---|---|
| 1 | | |
| 2 | | |
| 3 | | |

## ■ 회피 - 회피 갈등

| 갈등<br>순위 | 갈 등 내 용 | 처 리 방 법 |
|---|---|---|
| 1 | | |
| 2 | | |
| 3 | | |

## 34. 관 찰 력
(Observation)

> 사람에 따라 관찰력은 각각 다른 것이다. 어떤 사람은 한번만 보고도 기억하는가 하면 여러번을 보고도 변화를 발견하지 못하는 관찰력에 둔감한 사람들이 있다.
> 이 과정을 통해 우리의 관찰력을 서로 점검해 보도록 하자.

1. **적용** : 중·고등학생 및 대학생 그룹의 남·녀
2. **인원** : 10명에서 12명 정도가 한 그룹이 된다.
3. **효과** : ㉠ 자신의 관찰력을 점검하게 되며 관찰력의 증진 기회가 된다.
   ㉡ 구성원 서로간에는 틀림없이 관찰력의 차이가 있음을 인식하게 된다.
4. **시간** : 약 50분 정도(생각과 기록 10분, 그림 비교 및 설명 30분, 느낌에 대한 토의 10분)
5. **방법** : ㉠ 지도자는 다음의 그림을 구성원들에게 1분간 보여준다.
   ㉡ 그림을 본 후 그 그림을 백지에 관찰된 대로 재현하여 그려본다.
   ㉢ 그림을 마쳤으면 서로 비교하여 보고 원본과도 비교한다.
   ㉣ 서로 돌려 가면서 이 과정에 대한 느낌을 토의해 본다.

## ■ 관찰력(Observation)

34. 관찰력 153

## ▣ 관찰력(Observation)

## 35. 마르틴 루터와 종교개혁
(The Reformation and Martin Luter)

1517년 마르틴 루터는 당시 잘못되어 가는 종교의 문제점을 지적하여 99개 조항을 비텐베르크 성당 앞에 붙혀 놓음으로써 종교개혁의 도화선에 불을 붙혔다고 할 수 있다. 현대 기독교의 종교개혁적 차원에서 문제점을 제시하고 그 해결책에 대해서 논의해 보자.

1. **적용** : 중·고등학생 및 대학생 그룹의 남·녀
2. **인원** : 10명에서 12명 정도가 한 그룹이 된다.
3. **효과** : ㉠ 기독교 신앙의 정립 기회를 갖게 된다.
   ㉡ 사물과 사실을 분석할 수 있는 능력을 갖게 된다.
   ㉢ 구성원 개개인에 대한 신앙을 이해하게 된다.
4. **시간** : 약 60분(생각과 기록 20분, 기록에 대한 설명 30분, 느낌에 대한 토의 10분)
5. **방법** : ㉠ 기독교가 개혁되어야 하는 내용들을 생각나는 대로 기록한다.
   ㉡ 그 대책을 나름대로 제시한다.
   ㉢ 개혁의 순위를 정한다.
   ㉣ 기록을 마쳤으면 서로 돌려가면서 내용을 소개하여 보자.

## ▣ 종교개혁(The Reformation and Martin Luter)

| 번호 | 개혁되어야 할 실태 | 대　　　책 | 개혁순위 |
|---|---|---|---|
| 1 | | | |
| 2 | | | |
| 3 | | | |
| 4 | | | |
| 5 | | | |

## 36. 나와 제일 가까운 것들
### (Emotion)

> 인간은 감정의 동물이기 때문에 우리의 인간관계 속에는 여러가지 좋고, 나쁜 우리의 감정들을 품고 표출하면서 생활하게 된다. 이런 여러가지 감정들 중에 나의 주변에 있는 것과 멀리 있는 것들을 생각해 본다.

1. **적용** : 중·고등학생 및 대학생 그룹의 남·녀
2. **인원** : 10명에서 12명 정도가 한 그룹이 된다.
3. **효과** : ㉠ 자신의 감정을 분석하게 된다.
   ㉡ 대인관계에 있어서 감정을 통제하고 자신의 잘못된 감정들이 많이 드러났음을 알게 된다.
4. **시간** : 약 50분(생각과 기록 10분, 기록에 대한 설명 30분, 피드백 10분)
5. **방법** : ㉠ 자신의 감정과 가장 가까운 단어들로부터 거리가 먼 것에 이르기까지 원의 핵심인 나의 주변에서 밖으로 적는다.
   ㉡ 유사한 단어라도 스스로 느끼는 뉘앙스가 다를 때 선택하여 기록한다.
   ㉢ 기록을 마쳤으면 나를 둘러싸고 있는 두번째 원까지 기록한 내용만을 서로 발표해 본다.
   ㉣ 이 과정을 마쳤으면 이 프로그램이 내게 어떤 느낌을 주었는 지 서로 토의해 보자.

## ▣ 나와 제일 가까운 것들(Ⅰ)

- 미워하고
- 귀찮게 하고
- 신경질 내고
- 소리 지르고
- 저주하고
- 비판하고
- 서글프게 하고
- 버릇없고
- 조롱하고
- 싫어하고
- 욕하고

- 상처를 주고
- 꾸짖고
- 멸시하고
- 싸우고
- 헐뜯고
- 짜증내고
- 보복하고
- 흘겨보고
- 때리고
- 농담하고
- 교만하고

- 거짓말하고
- 놀라게 하고
- 창피를 주고
- 말 안하고
- 못살게 하고
- 파괴하고
- 편애하고
- 음란하고
- 비꼬고
- 경쟁하고

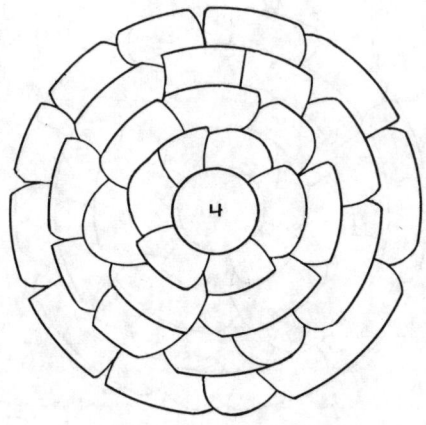

## ▣ 나와 제일 가까운 것들(Ⅱ)

- 함께 기뻐하고
- 착하고
- 온순하고
- 순종하고
- 도와주고
- 이해하고
- 사랑하고
- 칭찬하고
- 인정해주고
- 화목하고

- 귀여워 해 주고
- 인내하고
- 인정많고
- 부지런하고
- 재미있고
- 겸손하고
- 충성하고
- 진실되고
- 우애하고
- 차분하고

- 친근하고
- 관심있고
- 믿어 주고
- 편안하고
- 편안하고
- 행복하고
- 자상하고
- 웃음짓고
- 즐겁고
- 기쁘게하고

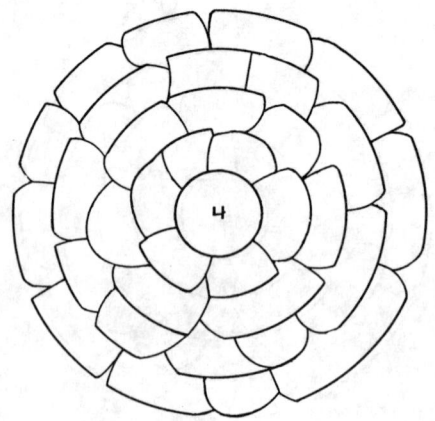

## 37. 내가 가지고 있는 것
(Belongings)

> 자신이 가지고 있는 것들 중에는 자신의 분신과 같이 아끼는 것들이 있다.
> 이런 것들이 자신의 성격을 간접적으로 나타낼 수 있는 것들이 상당히 많이 있다. 자신이 가지고 있는 것들 가운데 어떤 특성이 있는지 살펴보고 다른 사람들에게 소개할 수 있는 기회를 마련해 보자.
> 그 특성들을 살펴보면서 자신의 특성이 정말 반영되고 있는지 살펴보자.

1. **적용** : 중·고등학생 및 대학생 그룹의 남·녀
2. **인원** : 10명에서 12명 정도가 한 그룹이 된다.
3. **효과** : ㉠ 자신이 가지고 있는 물건의 특성을 통해서 자신의 특성을 살펴볼 수 있다.
   ㉡ 다른 사람들에게 자신을 드러낼 수 있는 기회가 된다.
4. **시간** : 약 60분(생각과 기록 20분, 기록에 대한 설명 30분, 느낌에 대한 토의 10분)
5. **방법** : ㉠ 별지에 기록된 내용들의 물건이 자신에게 있는 지, 자신에게 해당되는 지를 살펴보고 해당되는 것들을 자세하게 기록한다.
   ㉡ 그 물건이 어디에 사용되는 지 용도를 기록한다.
   ㉢ 기록을 마쳤으면 자신이 기록한 내용을 발표해 본다.

㉣ 서로 발표를 끝냈으면 이 과정을 통해서 무엇을 느꼈는 지 이야기해 보자.
6. **응용** : 질문의 내용은 그룹의 특성에 따라서 변경할 수 있다.

## ■ 내가 가지고 있는 것(Belongings)

o 굵은 것 : _____
   용 도 : _____

o 가는 것 : _____
   용 도 : _____

o 강한 것 : _____
   용 도 : _____

o 약한 것 : _____
   용 도 : _____

o 연한 것 : _____
   용 도 : _____

o 멋있는 것 : _____
   용 도 : _____

o 멋없는 것 : _____
   용 도 : _____

o 귀중한 것 : _____
   용 도 : _____

o 굵은 것 _____
　용 도 : _____

o 가는 것 : _____
　용 도 : _____

o 강한 것 : _____
　용 도 : _____

o 약한 것 : _____
　용 도 : _____

o 연한 것 : _____
　용 도 : _____

o 멋있는 것 : _____
　용 도 : _____

o 멋없는 것 : _____
　용 도 : _____

o 귀중한 것 : _____
　용 도 : _____

37. 내가 가지고 있는 것

o 하찮은 것 : _____
　용 도 : _____

o 까만 것 : _____
　용 도 : _____

o 하얀 것 : _____
　용 도 : _____

o 비싼 것 : _____
　용 도 : _____

o 값싼 것 : _____
　용 도 : _____

o 빨간 것 : _____
　용 도 : _____

o 파란 것 : _____
　용 도 : _____

o 나쁜 냄새나는 것 : _____
　용 도 : _____

## 38. 다른 사람 자랑하기
### (Praise other)

사람들은 대체적으로 자기 자신을 부각시키기는 원하면서 다른 사람을 칭찬하여 더 좋게 소개한다든지, 더 좋게 평가하기를 싫어하는 이기심이 있게 마련이다.

다른 사람을 긍정적으로 칭찬하는데 어떤 느낌이 드는지 이 과정을 통해서 느껴 보도록 하자.

1. **적용** : 중·고등학생 및 대학생 그룹의 남·녀
2. **인원** : 10명에서 12명 정도가 한 그룹이 된다.
3. **효과** : ㉠ 서로 상대방의 마음을 이해할 수 있는 기회가 된다.
   ㉡ 상대방을 긍정적으로 생각할 수 있게 된다.
4. **시간** : 약 60분(생각과 기록 10분, 기록에 대한 설명 30분, 느낌에 대한 토의 20분)
5. **방법** : ㉠ 지도자는 그룹 구성원을 마주보고 앉게 한다.
   ㉡ 편의상 '가'와 '나'그룹으로 나누고 그룹 '가'는 '나'에 자신의 장점을 비롯해서 자랑을 충분히 소개한다.
   ㉢ 반대로 그룹 '나'는 그룹 '가'에게 자신의 자랑과 장점을 소개한다.
   ㉣ 서로 소개를 마쳤으면 '가'는 '나'를 자기 소개를 하는 것처럼 소개한다. 역시 '나'는 '가'를 자기 소개하는 것 처럼 소개한다.

## ◧ 다른 사람 자랑하기 (Praise other)

■ 상대방의 장점과 자랑

## 39. 독서 토론
### (Debate)

> 독서를 할 때는 비평적인 시야와 수용의 시각을 동시에 가지고 책을 읽는 것이 가장 효과적인 독서방법이라고 하겠다. 책을 읽으면서 쉽게 비평적이 되기는 어려운 일이다.
> 이 과정을 통해서 변증적으로 책의 내용을 이해하게 되면 저자의 입장이 되어 책을 읽게 된다.

1. **적용** : 중·고등학생 및 대학생 그룹의 남·녀
2. **인원** : 10명에서 12명 정도가 한 그룹이 된다.
3. **효과** : ㉠ 비평적 시각을 가지고 책을 읽게 된다.
   ㉡ 분석적인 능력이 신장된다.
4. **시간** : (이미 책을 읽은 상태에서) 약 60분 (독서 토론 40분, 피드백 20분)
5. **방법** : ㉠ 그룹에서 한 권의 책을 선정하여 1주일 동안 읽는다.
   ㉡ 책을 읽을 때는 긍정적인 입장과 부정적인 입장을 동시에 취한다.
   ㉢ 책을 읽은 후 그룹 지도자는 그룹을 두 그룹으로 나눈다.
   ㉣ 편의상 그룹 '가'는 책의 내용 중 부정적인 면을 부각시켜서 비평적인 질문을 퍼붓는다.
   예)○○페이지에 이런 내용이 있는데 그것은 이런 시각에서 볼 때 ○○문제가 있지 않은가? 마치 독자에게 ○○사고를

갖도록 유도하는 것은 아닌가?
㉤ 질문을 받은 그룹 '나'는 협의하는 그 질문에 대해서 저자의 입장, 또는 그 질문에 대해서 반박할 수 있는 답변을 준비하여 그룹 '나' 중의 한사람이 답변한다.

예) 그것은 책을 충분히 이해하지 못한 질문이다. 이 책은 ○○페이지에도 이미 밝힌 바와같이 이 책을 쓸때... 이런 사상적 배경에서 썼으며 그것은 ○○페이지에도 분명히 밝혀져 있다.

㉥ 이와같이 그룹 '가'가 비평을 가하는 입장이 되어 20분간 질문을 마치면 그룹 '나'도 비평적 입장이 되어 그룹 '가'에게 질문을 한다. 그러면 그룹 '가'는 변증적으로 답변을 한다.

㉦ 토론을 마쳤으면 이 과정을 통해서 무엇을 느꼈는 지 토의해 보자.

## ■ 독서 토론(Debate)

| 비평적인 질문 | 변증적인 답변 |
|---|---|
|  |  |

## 40. 어머니 말씀
(Mother's word)

　　사람들은 아무리 중요한 이야기라고 할지라도 반복해서 듣다보면 그 중요성에 무뎌지는 것을 느낄 수 있다. 우리들의 어머니는 자식이 잘 되기만을 바라며 늘 중요한 말씀만을 하시지만 자녀들은 같은 내용의 말씀을 자주 듣다 보니까, 때로는 거부반응으로, 때로는 무의미하게, 때로는 한 귀로 듣고 흘려 버리는 경우들이 많이 있었다.
　　이 과정을 통해서 어머니께서 내게 말씀하시는 그 내용들을 기억해 내며, 분석해 보고 어머니가 바라는 나는 어떤 나인가를 살펴 보도록 하자.

1. **적용** : 중·고등학생 및 대학생 그룹의 남·녀
2. **인원** : 10명에서 12명 정도가 한 그룹이 된다.
3. **효과** : ㉠ 어머니의 말씀을 마음에 새길 수 있는 기회가 된다.
4. **시간** : 약 50분 (생각과 기록 10분, 기록에 대한 설명 30분, 느낌에 대한 생각 10분)
5. **방법** : ㉠ 평소에 어머니께서 자신에게 가장 많이 말씀하시는 내용은 무엇인가 생각하여 기록한다.
　　　　㉡ 어머니께서 바라시는 나는 어떤 나인가를 생각해 본다.
　　　　㉢ 기록을 마쳤으면 서로 발표해 본다.
　　　　㉣ 이 과정을 통해서 무엇을 느꼈는 지 토의해 보자.

## ▣ 어머니 말씀 (Mother's word)

○ 평소에 가장 자주 말씀하시는 단어 _____
_____
_____
_____

○ 어떤 상황에서 이 단어를 사용하시는가? _____
_____
_____
_____

○ 평소에 가장 자주 말씀하시는 말씀 _____
_____
_____
_____

○ 어떤 상황에서 이 말씀을 하시는가? _____
_____
_____
_____

○ 어떤 아들(또는 딸)이 되기를 바라시는가? _____
_____
_____
_____

# 41. 이름의 뜻
### (The meaning of name)

　　이름이란 다른 사람(조부모, 부모, 일가 친척 등)이 내게 바라는 주관적인 모습일 수 있다. 그에 반해서 별명이란 자신이 다른 사람에게 이미 준 이미지의 함축적인 것으로서 다소 객관적인 이미지가 짙다고 할 수 있겠다. 자신의 이름의 뜻을 깊이 생각해 보며 주변에서 이름을 지어주신 배경에 대해 이해해 보고, 이름대로 살아가려는 의지도 가지고 있었는지 생각해 보자.

1. **적용** : 중·고등학생 및 대학생 그룹의 남·녀
2. **인원** : 10명에서 12명 정도가 한 그룹이 된다.
3. **효과** : ㉠ 자신을 소개할 수 있는 좋은 기회가 된다.
　　　　　 ㉡ 구성원 개개인 간의 이해가 깊어진다.
　　　　　 ㉢ 그룹의 분위기를 친밀하게 한다.
4. **시간** : 약 50분 (생각과 기록 10분, 기록에 대한 설명 30분, 느낌에 대한 생각 10분)
5. **방법** : ㉠ 자신의 이름을 한글, 한자, 영자로 기록한다.
　　　　　 ㉡ 이름과 관계된 질문에 답을 기록한다.
　　　　　 ㉢ 기록을 마쳤으면 자신의 이름에 대해서 설명한다.
　　　　　 ㉣ 이 과정을 마쳤으면 이 프로그램을 통해서 무엇을 느꼈는지 서로 토의해 보자.

## ■ 이름의 뜻(The meaning of name)

| 이 름 |  | 영 자 |  |
|---|---|---|---|
| 한 자 |  | 별 명 |  |

ㅇ이름을 지어 주신 분＿＿＿＿＿＿＿＿＿＿＿＿＿＿＿＿＿＿＿＿
＿＿＿＿＿＿＿＿＿＿＿＿＿＿＿＿＿＿＿＿＿＿＿＿＿＿＿＿＿＿

ㅇ이름의 뜻＿＿＿＿＿＿＿＿＿＿＿＿＿＿＿＿＿＿＿＿＿＿＿＿＿
＿＿＿＿＿＿＿＿＿＿＿＿＿＿＿＿＿＿＿＿＿＿＿＿＿＿＿＿＿＿

ㅇ이름에 얽힌 좋은 이야기＿＿＿＿＿＿＿＿＿＿＿＿＿＿＿＿＿＿
＿＿＿＿＿＿＿＿＿＿＿＿＿＿＿＿＿＿＿＿＿＿＿＿＿＿＿＿＿＿

ㅇ이름에 얽힌 나쁜 이야기＿＿＿＿＿＿＿＿＿＿＿＿＿＿＿＿＿＿
＿＿＿＿＿＿＿＿＿＿＿＿＿＿＿＿＿＿＿＿＿＿＿＿＿＿＿＿＿＿

ㅇ이름대로 살아가는가?＿＿＿＿＿＿＿＿＿＿＿＿＿＿＿＿＿＿＿
＿＿＿＿＿＿＿＿＿＿＿＿＿＿＿＿＿＿＿＿＿＿＿＿＿＿＿＿＿＿

ㅇ이름에 대한 만족도＿＿＿＿＿＿＿＿＿＿＿＿＿＿＿＿＿＿＿＿
＿＿＿＿＿＿＿＿＿＿＿＿＿＿＿＿＿＿＿＿＿＿＿＿＿＿＿＿＿＿

ㅇ이름을 바꾸고 싶은 생각이 있는가?＿＿＿＿＿＿＿＿＿＿＿＿
＿＿＿＿＿＿＿＿＿＿＿＿＿＿＿＿＿＿＿＿＿＿＿＿＿＿＿＿＿＿

ㅇ별명이 붙여진 동기＿＿＿＿＿＿＿＿＿＿＿＿＿＿＿＿＿＿＿＿
＿＿＿＿＿＿＿＿＿＿＿＿＿＿＿＿＿＿＿＿＿＿＿＿＿＿＿＿＿＿

## 42. 자기 희생과 헌신
(Self-sacrifice)

> 자기를 희생시키고 헌신하는 사람만이 훌륭한 사람이다. 소위 성인이라고 할 수 있는 사람, 위대한 사람, 훌륭한 사람들은 공통적으로 자기를 희생시켰고, 숭고한 목적을 위해서 헌신했던 사람들이다. 우리는 이 과정을 통해서 얼마만큼 자신을 희생하고, 헌신하며 살아 왔는 지를 분석해 보자.

1. **적용** : 중·고등학생 및 대학생 그룹의 남·녀
2. **인원** : 10명에서 12명 정도가 한 그룹이 된다.
3. **효과** : ㉠ 자신을 분석적으로 이해하게 된다.
   ㉡ 다른 사람을 위해서 희생과 헌신의 생각을 하게 된다.
   ㉢ 그룹 구성원 개개인 간에 이해가 깊어진다.
4. **시간** : 약 60분 (생각과 기록 10분, 기록에 대한 설명 40분, 느낌에 대한 생각 10분)
5. **방법** : ㉠ 자신이 이제까지 살아 오면서 희생하고 헌신했던 경험을 생각하고 기록한다.
   ㉡ 어떤 상황에서 어떻게 희생하고 헌신했다고 생각하는 지 그 내용을 기록한다.
   ㉢ 앞으로 어떤 일에 어떻게 희생하고, 헌신하고 싶은 지에 대해서도 기록한다.
   ㉣ 기록을 마쳤으면 서로 소개해 본다.

㉑과정을 마쳤으면 이 프로그램을 통해서 무엇을 느꼈는 지 서로 토의해 보자.

## ■ 자기 희생과 헌신(Self-sacrifice)

| 번호 | 희생과 헌신의 내용과 상황 |
|---|---|
| 1 | |
| 2 | |
| 3 | |
| 4 | |
| 5 | |

| 번호 | 앞으로 희생하고 헌신할 일들 |
|---|---|
| 1 | |
| 2 | |
| 3 | |
| 4 | |
| 5 | |

## 43. 유산분할
### (Partition of the estate)

사람이 죽게 되면 그가 소유하고 있었던 물건은 유산으로 분할된다. 지금 자신이 세상을 떠나게 된다면 자신이 소유하고 있었던 물건도 역시 유산으로 분배될 것이다. 소유자가 유언이 없었다면 그것은 소유자의 의도와는 관계없이 강제적으로 처분될 것이다. 그러나 소유자가 유산분배에 대해서 유언을 남겼다면 그 유언대로 될 것이다. 지금 자신이 가지고 있는 모든 물건을 다른 사람에게 나누어 주지 않으면 안될 상황이라고 생각하고 이 재산을 분할해 보자

1. **적용** : 고등학생 및 대학생 그룹의 남·녀
2. **인원** : 10명에서 12명 정도가 한 그룹이 된다.
3. **효과** : ㉠ 자신을 분석적으로 이해하게 된다.
   ㉡ 주변에 있는 사람들을 의식하게 된다.
   ㉢ 자신의 재산을 더욱 가치있게 생각하게 된다.
   ㉣ 그룹 구성원 개개인 간에 이해가 깊어진다.
4. **시간** : 약 60분 (생각과 기록 10분, 기록에 대한 설명 40분, 느낌에 대한 생각 10분)
5. **방법** : ㉠ 자신이 가지고 있는 물건을 가치있는 순서대로 20가지만 기록해 본다.
   ㉡ 그 가치를 금액으로 환산해 본다.
   ㉢ 그 물건들을 다른 사람에게 유산으로 넘겨 주어야 한다고

생각하고 누구에게 줄 것인지를 생각해 본다.
㉣ 기록을 마쳤으면 서로 소개해 본다. 이때 왜 그 물건을 특정한 사람에게 주려고 하는지 그 이유를 설명한다. 발표할 때는 시간적 제한이 있기 때문에 기록한 내용 중에서 일부만 선택해서 발표할 수 있겠다.
㉤ 이 과정을 마쳤으면 이 프로그램을 통해서 무엇을 느꼈는지 서로 토의해 보자.

## ■ 유산분할(Partition of the estate)

| 번호 | 물 건 | 시 가 | 유산받을 사람 | 분 배 이 유 |
|---|---|---|---|---|
| 1 | | | | |
| 2 | | | | |
| 3 | | | | |
| 4 | | | | |
| 5 | | | | |
| 6 | | | | |
| 7 | | | | |
| 8 | | | | |
| 9 | | | | |
| 10 | | | | |

## ■ 유산분할(Partition of the estate)

| 번호 | 물 건 | 시 가 | 유산받을 사람 | 분 배 이 유 |
|---|---|---|---|---|
| 11 | | | | |
| 12 | | | | |
| 13 | | | | |
| 14 | | | | |
| 15 | | | | |
| 16 | | | | |
| 17 | | | | |
| 18 | | | | |
| 19 | | | | |
| 20 | | | | |

## 44. 어머니의 인상
### (Mother's Impression)

늘 함께 생활하는 어머니에 대해서 새삼스럽게 그 인상 착의를 포함한 성격, 외모, 언어, 습관 등을 인식하고 다른 사람들 앞에 소개함으로써 어머니를 새롭게 발견 해 볼 수 있는 기회가 될 것이다.

1. **적용** : 중·고등학생 및 대학생 그룹의 남·녀
2. **인원** : 8명에서 10명 정도가 한 그룹이 된다.
3. **효과** : ㉠ 어머니의 희생과 헌신의 생각을 하게 된다.
   ㉡ 그룹 구성원 개개인 간의 이해가 깊어진다.
   ㉢ 서로 상대방의 마음을 이해할 수 있는 기회가 된다.
   ㉣ 자신에게 보여 준 어머니의 모습을 발견하는 기회가 된다.
4. **시간** : 약 60분 (생각과 기록 10분, 기록에 대한 설명 40분, 피드백 10분)
5. **방법** : ㉠ 자신의 어머니를 나타내는 내용들(인상 착의를 포함하여) 가운데 생각나는 대로 다섯 가지만 기록한다.
   ㉡ 어머니를 가장 잘 나타내는 내용으로부터 순위를 적는다.
   ㉢ 기록을 마쳤으면 기록된 내용을 서로 발표해 보자.
   ㉣ 모든 과정을 마쳤으면 이 과정을 통해서 무엇을 느꼈는 지 서로 토의해 보자.
6. **기타** : 어머니가 계시지 않은 사람은 어머니의 생전의 모습을 묘사한다.

## ■ 어머니의 인상(Mother's Impression)

| 번호 | 어머니의 인상 | 순 위 |
|---|---|---|
| 1 | | |
| 2 | | |
| 3 | | |
| 4 | | |
| 5 | | |

## 45. 상대방의 장점
### (Merits)

사람은 누구나 장점과 단점을 가지고 있다. 장점만 있는 사람도 없고, 단점만 있는 사람도 없다. 장점과 단점을 동시에 가지고 있으며, 어떤 것이 더욱 부각되는가에 따라서 그 사람을 더욱 긍정적으로 또는 부정적인 시각으로 보게 되는 것이다. 그룹 구성원들 서로에게서 장점을 분석해 보고 내게 필요한 장점은 어떤 것인가를 생각해 보자.

1. **적용** : 중·고등학생 및 대학생 그룹의 남·녀
2. **인원** : 10명에서 12명 정도가 한 그룹이 된다.
3. **효과** : ㉠ 상대방을 분석적으로 이해하게 된다.
   ㉡ 상대방의 좋은 점을 발견하고 인식을 새롭게 할 수 있다.
   ㉢ 구성원 개개인 간의 이해가 깊어진다.
4. **시간** : 약 60분 (생각과 기록 10분, 기록에 대한 설명 40분, 느낌에 대한 생각 10분)
5. **방법** : ㉠ 그룹 활동이 끝날 즈음에 그룹 구성원 서로에게서 어떤 장점이 있는 지 깊이 생각해 본다.
   ㉡ 상대방의 장점 중에서 자신이 꼭 갖고 싶은 장점은 무엇인지 생각해 본다.
   ㉢ 한 구성원에게서 두 가지 장점만을 분석하여 기록한다.
   ㉣ 기록을 마쳤으면 서로 소개해 본다. 이 때 왜 그러한 장점이

자신에게 필요한 지 그 이유를 설명한다.
ⓓ 이 과정을 마쳤으면 이 프로그램을 통해서 무엇을 느꼈는 지 서로 토의해 보자.

## ■ 상대방의 장점(Merits)

| 번호 | 상 대 방 의 장 점 | 그 장점이 내게 필요한 이유 |
|---|---|---|
| 1 | | |
| 2 | | |
| 3 | | |
| 4 | | |
| 5 | | |
| 6 | | |
| 7 | | |
| 8 | | |
| 9 | | |

## ■상대방의 장점(Merits)

| 번호 | 상 대 방 의 장 점 | 그 장점이 내게 필요한 이유 |
|---|---|---|
| 10 | | |
| 11 | | |
| 12 | | |
| 13 | | |
| 14 | | |
| 15 | | |
| 16 | | |
| 17 | | |
| 18 | | |

## 46. 좋은 친구
### (Good Friend)

> 우리는 좋은 친구가 생기기를 바라지만 자신이 좋은 친구가 되기를 원하며, 노력하는 것은 다소 부족한것 같다. 좋은 친구란 어떤 친구인지 자신의 생각을 정리해 보자.

1. **적용** : 중·고등학생 및 대학생 그룹의 남·녀
2. **인원** : 10명에서 12명 정도가 한 그룹이 된다.
3. **효과** : ㉠ 자신을 분석적으로 이해하게 된다.
   ㉡ 구성원 개개인 간의 이해가 깊어진다.
4. **시간** : 약 60분 (생각과 기록 10분, 기록에 대한 설명 40분, 느낌에 대한 생각 10분)
5. **방법** : ㉠ 자신의 생각에 좋은 친구는 어떤 친구인지 생각해 보고 그 내용을 기록해 본다.
   ㉡ 좋은 친구의 항목이 왜 중요한 지에 대해서 이유를 기록한다.
   ㉢ 기록한 이유 중에서 우선순위를 기록한다.
   ㉣ 자신은 그 조건에 얼마만큼 접근해 있는 지를 평가(수·우·미·양·가)해 본다.
   ㉤ 기록을 마쳤으면 서로 소개해 본다.
   ㉥ 그룹 구성원 전체의 생각을 정리해 본다.
   ㉦ 과정을 마쳤으면 이 프로그램을 통해서 무엇을 느꼈는 지 서로 토의해 보자.

## ▣ 좋은 친구(Good Friend)
- 구성원 각자가 생각하는 좋은 친구 -

| 번호 | 좋은 친구의 조건 | 이 유 | 우선 순위 | 자신의 모습 |
|---|---|---|---|---|
| 1 | | | | |
| 2 | | | | |
| 3 | | | | |
| 4 | | | | |
| 5 | | | | |
| 6 | | | | |
| 7 | | | | |
| 8 | | | | |
| 9 | | | | |
| 10 | | | | |

## ▣ 좋은 친구(Good Friend)
- 그룹에서 결정한 좋은 친구 -

| 번호 | 좋은 친구의 조건 | 이 유 | 우선 순위 | 자신의 모습 |
|---|---|---|---|---|
| 1 | | | | |
| 2 | | | | |
| 3 | | | | |
| 4 | | | | |
| 5 | | | | |
| 6 | | | | |
| 7 | | | | |
| 8 | | | | |
| 9 | | | | |
| 10 | | | | |

## 47. 꿈이 바뀐 이유
### (Vision)

꿈(Vision)이 없는 사람은 한 사람도 없을 것이다.
 어렸을 때일수록 자신의 꿈은 높고 위대하지만 점차로 성장하면서 우리의 꿈은 작고 적어진다. 그 이유는 현실 감각이 없었던 어린 시절보다는 성장했을 때에 현실과 자아를 더 잘 직시할 수 있기 때문이다.
 이 과정을 통해서 자신의 꿈을 분석해 보고 어떻게 변해왔는지 생각해 보자.

1. **적용** : 중·고등학생 및 대학생 그룹의 남·녀
2. **인원** : 10명에서 12명 정도가 한 그룹이 된다.
3. **효과** : ㉠ 자신을 분석적으로 이해하게 된다.
   ㉡ 구성원 개개인 간의 이해가 깊어진다.
4. **시간** : 약 60분 (생각과 기록 10분, 기록에 대한 설명 40분, 느낌에 대한 생각 10분)
5. **방법** : ㉠ 자신이 어렸을 때에 무엇이 되고 싶었는 지 품었던 그 꿈을 생각해 낸다.
   ㉡ 왜 그런 꿈을 키웠는 지 그 이유를 기록한다. 여러가지 꿈이 있었다면 각 기간(국민학교, 중학교, 고등학교, 대학교)중 두 가지만 기록한다.
   ㉢ 그 꿈은 변했는 지 그렇지 않은 지를 생각해 본다.

㉣ 변했다면 왜 변했는 지 그 이유를 생각해 본다.
㉤ 기록을 마쳤으면 서로 소개해 본다.
㉥ 이 과정을 마쳤으면 이 프로그램을 통해서 무엇을 느꼈는지 서로 토의해 보자.

## ■ 꿈이 바뀐 이유(Vision)

| 번호 | 꿈을 가진 때 | 꿈을 가진 이유 | 꿈이 바뀐 이유 |
|---|---|---|---|
| ① | 국민학교 때의 꿈 | | |
| ② | | | |
| ③ | 중학교 때의 꿈 | | |
| ④ | | | |
| ⑤ | 고등학교 때의 꿈 | | |
| ⑥ | | | |
| ⑦ | 대학교 때의 꿈 | | |
| ⑧ | | | |

## 48. 별명 짓기
### (Nickname)

> 이름은 주변에게 내게 바라는 인간상을 함축해서 지어 준 것으로 주관적인 개념이 강하지만 별명은 자신이 다른 사람에게 보여 준 것으로 객관적인 개념이 짙다고 할 수 있다. 별명을 통해서 내가 다른 사람에게 어떤 모습을 보여 주었는 지 생각해 볼 수 있다.

1. **적용** : 중·고등학생 및 대학생 그룹의 남·녀
2. **인원** : 10명에서 12명 정도가 한 그룹이 된다.
3. **효과** : ㉠ 다른 사람에게 보여 준 자신의 모습을 발견하는 기회가 된다.
   ㉡ 구성원 개개인 간의 이해가 깊어진다.
   ㉢ 상대를 분석적으로 이해하게 된다.
4. **시간** : 약 60분 (생각과 기록 10분, 기록에 대한 설명 40분, 느낌에 대한 생각 10분)
5. **방법** : ㉠ 그룹 활동이 끝날 즈음에 그룹 구성원 서로에게서 느낀 인상에 대해서 별명을 짓는다.
   ㉡ 자신을 제외한 그룹 구성원 모두의 별명을 짓는다.
   ㉢ 자신이 지은 별명과 상대방의 이미지와 어떻게 같은지 그 이유에 대해서 설명한다.
   ㉣ 다른 구성원들이 자신에게 지어준 별명에 대해서 만족하는

지 만족하면 어떤 면에서 만족하는지, 그렇지 않으면 왜 만족하지 않은 지에 대해서 발표해 본다.

ⓜ 기록을 마쳤으면 서로 소개해 본다.

ⓗ 이 과정을 마쳤으면 이 프로그램을 통해서 무엇을 느꼈는지 서로 토의해 보자.

6. **주의** : ㉠ 별명은 너무 난잡하지 않도록 지을 것이며, 억지로 다른 구성원들의 웃음을 자아내려고 하다가 분위기가 장난스럽게 되지 않도록 한다.

㉡ 이 프로그램이 끝나면 서로 별명을 불러서 놀리는 일이 없도록 한다.

## ■ 별명 짓기(Nickname)

| 번호 | 구성원의 이름 | 별   명 | 이           유 |
|---|---|---|---|
| 1 |  |  |  |
| 2 |  |  |  |
| 3 |  |  |  |
| 4 |  |  |  |
| 5 |  |  |  |

# 49. 미워할 때, 사랑할 때
(Hate & Love)

> 사람은 미워하는 감정과 사랑하는 감정을 가지고 있다. 따라서 세상을 살아 가면서 미워해 본 경험이 없는 사람은 한 사람도 없을 것이다. 또한 사랑해 보지 않은 사람도 없을 것이다. 우리는 어떨 때에 사람을 미워하게 되고, 어떨 때에 사랑하게 되는 지 이 과정을 통해서 분석해 보고 토의해 보자.

1. **적용** : 중·고등학생 및 대학생 그룹의 남·녀
2. **인원** : 10명에서 12명 정도가 한 그룹이 된다.
3. **효과** : ㉠ 자신을 소개할 수 있는 좋은 기회가 된다.
   ㉡ 구성원 개개인 간의 이해가 깊어진다.
   ㉢ 자신과 상대를 분석적으로 이해하게 된다.
4. **시간** : 약 60분 (생각과 기록 10분, 기록에 대한 설명 40분, 느낌에 대한 생각 10분)
5. **방법** : ㉠ 자신의 경험 중에서 다른 사람을 미워했던 일과 사랑했던 일을 생각해 낸다.
   ㉡ 미워했던 경험을 상기하고 왜 그 때 그 사람을 미워하게 되었는 지 사랑할 수는 없었는 지 그 이유를 기록 용지에 옮겨 적는다.
   ㉢ 같은 방법으로 사랑했던 경험을 상기하고 왜 그 때 그 사람을 사랑하게 되었는 지 그 이유를 적는다.

㉣ 가급적이면 같은 때, 같은 상황, 같은 장소, 같은 그룹에서 발생된 일을 기록한다.
㉤ 아울러서 자신이 미움을 당해 본 경험과 사랑받아 본 경험에 대해서도 기록하고 비교해 보자.
㉥ 기록을 마쳤으면 서로 소개해 본다.
㉦ 이 과정을 마쳤으면 이 프로그램을 통해서 무엇을 느꼈는지 서로 토의해 보자.

## ■ 미워할 때, 사랑할 때(Hate & Love)

| | |
|---|---|
| ○미워한 사람 | |
| ○미워한 때 | |
| ○미워한 이유 | |
| ○자신을 미워한 사람 | |
| ○자신을 미워한 때 | |
| ○자신을 미워한 이유 | |
| ○사랑한 사람 | |
| ○사랑한 때 | |
| ○사랑한 이유 | |
| ○자신을 사랑한 사람 | |
| ○자신을 사랑한 때 | |
| ○자신을 사랑한 이유 | |

## 50. 후　　회
### (Repentance)

　　살아 오면서 후회가 없는 사람은 단 한 사람도 없을 것이다. 후회란 자신의 잘못된 판단으로 인해서 자신이 세운 목표에 이르지 못한 것을 뜻하는 것이다. 대부분은 행동에 대한 후회가 가장 많을 것이다. "그때 그렇게 행동하지 말았어야 했는데..." 또는 "그때 그렇게 행동했어야만 했는데..." 하는 등의 후회가 주류를 이룰 것이다. 자신의 삶을 되돌아 보면서 어떤 일에 대해서 후회하고 있는 지 지금이라면 어떻게 했을 것인 지에 대해서 생각해 보면 아픔만큼 성숙할 수 있는 기회가 될 수도 있다.

1. **적용** : 중·고등학생 및 대학생 그룹의 남·녀
2. **인원** : 10명에서 12명 정도가 한 그룹이 된다.
3. **효과** : ㉠ 자신을 소개할 수 있는 좋은 기회가 된다.
　　　　　㉡ 구성원 개개인 간의 이해가 깊어진다.
　　　　　㉢ 자신을 분석적으로 이해하게 된다.
4. **시간** : 약 50분 (생각과 기록 10분, 기록에 대한 설명 30분, 느낌에 대한 생각 10분)
5. **방법** : ㉠ 자신에게 후회스러웠던 일들을 생각해 본다.
　　　　　㉡ 생각나는 대로 종이에 옮겨 적는다.
　　　　　㉢ 가장 후회스러운 일부터 순위를 적는다.
　　　　　㉣ 기록을 마쳤으면 서로 소개해 본다.

㉤ 이 과정을 마쳤으면 이 프로그램을 통해서 무엇을 느꼈는 지 서로 토의해 보자.

## ■ 후 회(Repentance)

| 번호 | 후회스러운 일 | 지금이라면... | 순위 |
|---|---|---|---|
| 1 | | | |
| 2 | | | |
| 3 | | | |
| 4 | | | |
| 5 | | | |
| 6 | | | |
| 7 | | | |
| 8 | | | |
| 9 | | | |
| 10 | | | |

## 51. 하얀 거짓말
(A White Lie)


　거짓말은 죄악으로서 10계명에도 해서는 안 될 금기 상항으로 명시되고 있다. 그런데 이 거짓말에는 그 동기와 목적에 따라 선의의 거짓말, 즉 좋은 거짓말과 악의의 나쁜 거짓말로 구별된다. 악의에 의한 거짓말을 흑색 거짓말이라고 하며 그에 반해서 선한 의도에서 하는 거짓말을 하얀 거짓말이라고 한다.
　이 하얀 거짓말을 죄로 볼 것인가? 그렇지 않을 것인가? 하는 데에는 적지 않은 논란이 윤리학자들간에 있어 왔다. 이 선의의 거짓말도 그 정도에 따라서 더 좋은 것이 있을 수도 있겠다.
　이 과정을 통해서 우리의 삶의 주변에서 하얀 거짓말에는 어떤 것들이 있으며 그것은 사회적으로 용납받을 수 있는 것인지, 죄라고 생각하는 지 그렇지 않은 지 등의 문제들을 토의해 본다.


1. **적용**: 고등학생 및 대학생 그룹의 남 . 녀
2. **인원**: 8명에서 10명 정도가 한 그룹이 된다.
3. **효과**: ㉠ 윤리 의식과 가치관을 재고하게 된다.
　　　　　 ㉡ 구성원 개개인 간의 이해가 깊어진다.
4. **시간**: 약 60분 (생각과 기록 10분, 기록에 대한 설명40분, 피드백 10분)
5. **방법**: ㉠ 다음에 기록된 하얀 거짓말의 예문들 4가지를 읽고 어떤 것이 가장 하얀 거짓말인지, 또는 어떤 것이 악의가 내포

되어 있는지의 정도를 수, 우, 미, 양, 가 중에서 점수를 정하고 그 중에서 가장 하얀 거짓말 부터 순위를 정한다.
ⓒ 기록을 마쳤으면 기록된 내용을 서로 발표해 보자.
ⓒ 모든 과정을 마쳤으면 이 과정을 통해서 무엇을 느꼈는지 서로 토의해 보자.

## ■ 하얀거짓말 (A White Lie)

| 번호 | 하얀 거짓말 | 정도 |
|---|---|---|
| 1 | 6.25전쟁 당시 공산군이 남침하여 공무원이신 아버지를 찾는 것이었다. 만일 아버지가 계신 곳이 그들에게 발각되면 아버지는 죽음을 면하기가 어려운 상황에 놓였다. 그래서 마루 밑을 파고 그 곳에 아버지를 피신시켰다. 공산군이 집을 습격하여 총부리를 내게 겨루면서 "너의 아버지가 어디 있는 지 말하라"고 고문과 함께 위협할 때 나는 "오늘 새벽에 짐을 싸 남쪽으로 피신 하셨다" 거짓말을 하여 아버지가 당하실 위기를 모면시켜 드렸다. 이 거짓말은 죄가 되는가? 죄가 되지 않는가? 그리고 좋은 일이었다면 왜 좋았고 나쁜 일이었다면 왜 나빴고 또한 얼마만큼 나쁜 것인가? | |
| 2 | 나의 꾀임으로 친구 3명과 함께 공조하여 용돈을 마련할 목적으로 백화점에서 고가품 4점을 훔쳐 나오다가 경비원에게 적발되고 말았다.<br>다른 친구들은 모두 달아났지만 나는 빠르게 달아나지 못하여 붙들리고 말았다. 경찰에서 공범을 밝히라고 심문할 때에 나는 잘 모르겠다고 거짓말을 했다.<br>"단순히 길거리에서 만난 자들이었으며 즉흥적으로 범행을 계획하였기 때문에 잘 모른다"고 끝까지 주장하였다. 그렇지 않아도 내가 모의하여 친구들을 끌어들였는데 내 죄로 그들까지 고생시킬 필요가 없다고 생각했기 때문에 거짓말을 한 것이다. 이 거짓말은 죄가 되는가? 죄가 되지 않는가? 그리고 좋은 것이었다면 왜 좋았으며, 얼마만큼 좋았으며, 나쁜 일이었다면 왜 나빴고 얼마만큼 나쁜 것인가? | |

| | |
|---|---|
| 3 | 방학 때 집에서 혼자 쉬고 있는데 밖에서 한 사내가 급히 들어오면서 소리치면 죽여 버리겠다고 칼로 위협을 하다가는 갑자기 다시 칼을 집어넣고 제발 살려 달라고 경찰에 쫓기고 있는 중인데 숨겨 달라고 무릎을 꿇고 두 손을 모아 애원을 하는 것이었다. 만일에 살려준다면 5백만원 주겠다는 것이었다.<br>그 때 마침 경찰이 초인종을 누르면서 "혹시 파란색 잠바를 입은 30대 남자를 보지 못했느냐"고 물어 왔다. 나는 왜 그러느냐고 물으니까 은행 앞에서 회사원의 천 만원이 든 가방을 날치기 해서 그 근처로 도피했는데 지금 범인을 찾고 있는 중이라고 한다. 나는 "그런 남자가 저쪽 길 건너로 달아나는 것을 보았다"고 경찰에 거짓말을 하여 따돌렸다. 그리고 집에 숨은 범인을 설득하여 가방 속에 있는 주민등록증의 주소로 돈을 돌려 줄 것을 약속받고 집으로 돌려 보냈다.<br>이 거짓말은 죄가 되는가? 죄가 되지 않는가? 그리고 좋은 것이었다면 왜 좋았으며, 얼마만큼 좋았으며, 나쁜 일이었다면 왜 나빴고, 얼마만큼 나쁜 것인가? |
| 4 | 나는 직장의 경리 직원이다. 직장에서 거래처 영세업자로부터 오늘 오후 5시까지 거래 은행으로 미수금 5백만원을 입금 받도록 되어 있는데 이일을 경리 과장과 영업 부장이 책임지고 수금하도록 되어 있었다. 그런데 오후 5시까지 입금이 되지 않았다. 영업 부장과 경리 과장은 사장님께 문책 당할 것이 틀림없고 거래처도 더 이상 신용이 없어져서 우리 회사 물건을 납품받을 수가 없게 되었다. 그 영세업자는 우리 회사 물건을 납품받지 않으면 치명적으로 어려움을 당할 것이다. 나는 거래 회사에 전화해서 내일 오후 12시전에 반드시 미수금을 은행 온라인 구좌로 보내 주겠다고 하는 약속을 받고, 만일 사장님께서 거래처로부터 돈이 입금되었는지 전화로 확인한다면 도착했다고 답변하라는 부탁을 받았다. 사장님께서는 내게 전화를 하여 확인하셨다. 나는 영업 부장에게 나 경리 과장에게 그리고 어려운 거래처에 도움을 주어야겠다고 생각하여 돈을 받았다고 거짓말을 했다.<br>이 거짓말은 죄가 되는가? 죄가 되지 않는가? 그리고 좋은 것이었다면 왜 좋았으며, 얼마만큼 좋았으며, 나쁜 일이었다면, 왜 나빴고 얼마만큼 나쁜 것인가? |

## ▣ 하얀 거짓말Ⅱ(A White Lie)

방법 : ㉠ Ⅰ에 기록된 종류의 예문을 제외한 우리 생활에서 체험하거나 발견되는 하얀 거짓말을 다섯 가지만 기록해 본다.

㉡ 기록한 내용 중에서 가장 하얀 거짓말의 순서부터 순위를 적는다.

| 번호 | 하얀 거짓말 | 순 서 |
|---|---|---|
| 1 | | |
| 2 | | |
| 3 | | |
| 4 | | |
| 5 | | |

## 52. 어머니의 사랑
(Mother's Love)

어머니의 사랑을 느껴 보지 못하고 성장한 사람은 흔하지 않을 것이다. 따라서 대부분의 사람들이 느끼는 어머니의 이미지는 사랑이 풍성하신 분으로서의 어머니 상을 간직하고 있다. 그러나 막연히 사랑이 많으신 분으로서만 기억될 뿐 구체적으로 어떠한 사랑을 받았는 지 생각해 본 일은 드물 것이다. 어떤 의미에서는 셀수 없는 많은 사랑을 받았기 때문에 어머니의 사랑을 계수한다는 것은 무의미 할런지 모른다. 그렇지만 어떤 사건을 통해서 자신에게 깊이 기억되는 어머니의 사랑을 찾아낼 수 있을 것이다. 이를 테면 병원에 입원해 있는 동안 밤잠을 주무시지 못하고 간호해 주신 어머니의 사랑은 다른 사랑보다도 더 기억되는 사랑일 수 있을 것이다.
　이 과정을 통해서 그 많은 어머니의 사랑 중에 사건을 통해서 자신에게 느껴진 잊혀지지 않는 사랑을 소개해 보자.

1. **적용** : 중·고등학생 및 대학생 그룹의 남·녀
2. **인원** : 8명에서 10명 정도가 한 그룹이 된다.
3. **효과** : ㉠ 어머니의 사랑을 깊이 느끼게 한다.
　　　　㉡ 구성원 개개인 간의 이해가 깊어진다.
4. **시간** : 약 60분 (생각과 기록 10분, 기록에 대한 설명 40분, 피드백 10분)
5. **방법** : ㉠ 어머니로부터 받은 사랑 가운데 기억에 남는 것들을 생각

나는 대로 다섯 가지만 기록해 본다.
ⓛ 그 가운데서 가장 큰 사랑은 어떤 것이었는 지를 생각해 보고 순위를 정해 본다.
ⓒ 기록을 마쳤으면 서로 발표해 본다.
ⓔ 이 과정을 통해서 무엇을 느꼈는 지 토의해 보자.

## ■ 어머니의 사랑(Mother's Love)

| 번호 | 어머니의 사랑 | 순 위 |
|---|---|---|
| 1 | | |
| 2 | | |
| 3 | | |
| 4 | | |
| 5 | | |

## 53. 위약 효과
(Placebo Effect)

의학, 약학 또는 심리학에서 위약 효과라는 것은 치료에 중요한 심리적 개념으로 사용되고 있다. 즉 약 자체에는 별 효능이 없으나 약을 처방하기 전에 그 약이 비싸고 대단히 좋은 약이며 효과가 매우 뛰어나다는 것을 환자에게 강조한 후 약을 투여했을 때 더 좋은 효과를 가져오게 되는 경우를 위약 효과라고 한다. 이렇듯 우리의 삶의 주변에는 심리적인 효과로 기대 이상의 결과를 얻을 수 있는 일들이 적지 않게 있음을 발견하게 된다.

이 과정을 통해서 생활 주변에서 나타나는 위약 효과적인 일들에는 어떤 것이 있는지 분석해 보자.

1. **적용** : 고등학생 및 대학생 그룹의 남·녀
2. **인원** : 8명에서 10명 정도가 한 그룹이 된다.
3. **효과** : ㉠ 심리적인 작용이 문제에 크게 영향을 미치고 있음을 느끼게 한다.
   ㉡ 분석적인 능력이 신장된다.
   ㉢ 구성원 개개인 간의 이해가 깊어진다.
4. **시간** : 약 60분 (생각과 기록 10분, 기록에 대한 설명 40분, 피드백 10분)
5. **방법** : ㉠ 생활 주변에서 위약 효과적인 일들에는 어떤 것이 있는지 살펴보고 생각나는 대로 다섯가지만 기록해 본다.
   ㉡ 기록된 내용들 중에서 가장 심한 것부터 순위를 정한다.

ⓒ 기록을 마쳤으면 서로 기록된 내용들을 발표한다.
ⓔ 서로 발표된 내용 중에 다른 사람의 것과 유사한 점과 차이점은 무엇인지 비교해 보자.
ⓜ 모든 과정을 마쳤으면 이 프로그램을 통해서 무엇을 느꼈는 지 토의해 보자.

## ■ 위약효과(Placebo Effect)

| 번호 | 위약효과 | 순 위 |
|---|---|---|
| 1 | | |
| 2 | | |
| 3 | | |
| 4 | | |
| 5 | | |

## 54. 부전자전, 모전여전
### (Son of Father, Daughter of Mother)

우리의 동요 가운데 "송아지 송아지 얼룩 송아지 엄마 소도 얼룩소 엄마 닮았네"라는 가사처럼 자식은 외모로부터 그 내면의 상당 부분에까지 부모를 닮게 마련이다. 특히 아들은 아버지를, 딸은 어머니를 닮는다는 것이 일반적인 견해이며 우리 속담 가운데도 부전자전이라는 말이 그 내용을 뒷받침 해주고 있다.

우리는 이 과정을 통해서 내면적인 면과 외면적인 것을 포함하여 어떤 면에서 부모를 닮았는 지 생각해 보도록 하자.

1. **적용** : 고등학생 및 대학생 그룹의 남·녀
2. **인원** : 8명에서 10명 정도가 한 그룹이 된다.
3. **효과** : ㉠ 자신을 소개할 수 있는 좋은 기회가 된다.
   ㉡ 구성원 개개인 간의 이해가 깊어진다.
   ㉢ 자신을 분석적으로 이해하게 된다.
4. **시간** : 약 60분 (생각과 기록 10분, 기록에 대한 설명 40분, 피드백 10분)
5. **방법** : ㉠ 부모님 닮은 모습은 어떤 것인지를 생각해 보고 다섯가지만 기록해 본다.
   ㉡ 그 닮은 내용들이 긍정적인 것인지, 부정적인 것인 것인지에 대해서 생각해 본다.
   ㉢ 기록된 내용 중에서 가장 많이 닮은 것부터 순위를 정한다.

㉣기록을 마쳤으면 서로 기록된 내용들을 발표한다.
㉤모든 과정을 마쳤으면 이 프로그램을 통해서 무엇을 느꼈는 지 토의해 보자.

## ■ 부전자전, 모전여전
### (Son of Father, Daughter of Mother)

| 번호 | 부전자전, 모전여전 | 긍정적인가? 부정적인가? | 순 위 |
|---|---|---|---|
| 1 | | | |
| 2 | | | |
| 3 | | | |
| 4 | | | |
| 5 | | | |

# 55. 이기주의
# (Selfish)

　인간은 누구나 이기적인 면이 그의 마음을 사로잡고 있다. 이것이 지나쳐서 매사에 자기 중심적인 가치관으로 살아가는 사람을 이기주의자라고 한다. 이는 모든 사건을 보는 시각을 좋은 면은 자기에게, 나쁜 면은 다른 사람에게로 돌리는 시각을 가지고 살아간다는 뜻이다. 그래서 다른 사람들이 무엇을 하면서 시간을 오래 끌면 능률이 떨어진다고 하고, 자신이 시간을 오래 끌게 되면 철저해서 그렇다고 한다. 다른 사람이 무언가를 하지 않을 때는 게을러졌다고 하고, 자신이 무언가를 하지 않을 때는 바빠서 그렇다고 한다. 지시하지도 않은 일을 다른 사람이 해 놓으면 월권행위라고 하고, 명령받지 않은 일을 자신이 했을 때는 솔선 수범이라고 한다. 또 다른 사람이 자신의 견해를 강력히 주장하면 고집부린다고 질타하고, 자신이 주장을 강력하게 내세울 때는 초지일관이라고 한다.
　우리는 이 과정을 통해서 이기적인 모습들이 우리의 삶에 어떤 모습으로 은폐되어 있으며 우리의 인간관계 속에 숨어 있는 이기적인 모습들을 토의해 보자.

1. **적용** : 고등학생 및 대학생 그룹의 남·녀
2. **인원** : 8명에서 10명 정도가 한 그룹이 된다.
3. **효과** : ㉠ 자신을 소개할 수 있는 좋은 기회가 된다.
　　　　　 ㉡ 구성원 개개인 간의 이해가 깊어진다.
4. **시간** : 약 60분 (생각과 기록 10분, 기록에 대한 설명 40분, 피드백

10분)

5. **방법 :** ㉠ 자신의 내면에 이기적인 면은 어떤 것이 있는 지를 생각해 보고, 생각나는 대로 다섯 가지만 기록해 본다.

㉡ 그 내용들 중에서 가장 이기적인 것이 어떤 것인지 순위를 정한다.

㉢ 기록을 마쳤으면 서로 기록된 내용들을 발표한다.

㉣ 서로 발표된 내용 중에 다른 사람의 것과 유사한 점과 차이점은 무엇인지 비교해 보자.

㉤ 모든 과정을 마쳤으면 이 프로그램을 통해서 무엇을 느꼈는 지 토의해 보자.

## ■ 이기주의 (Selfish)

| 번호 | 이 기 주 의 | 순 위 |
|---|---|---|
| 1 | | |
| 2 | | |
| 3 | | |
| 4 | | |
| 5 | | |

## 56. 가인적 컴프렉스
(Cain's Complex)

구약 성경 창세기에는 인류 최초의 살인자가 되었던 가인에 대한 기록이 언급 되어 있다. 가인의 살인 동기는 그의 동생 아벨에 대한 시기와 질투에서 비롯된 것으로 볼 수 있다. 그래서 심리학에서는 형제간의 서로 시기하고 질투하는 것을 일컬어서 가인적 컴프렉스라고 한다. 우리의 생활 주변을 살펴보면 이 같은 가인적 컴프렉스가 마음 속에 자리잡고 있어서 바른 형제 관계와 바른 대인 관계를 형성하지 못하는 사람들이 적지 않음을 발견하게 된다.
우리는 이 과정을 통해서 자신의 마음 속에 있는 가인적인 컴프렉스를 분석해 보고 해결점에 대해서 토의해 보자.

1. **적용** : 고등학생 및 대학생 그룹의 남·녀
2. **인원** : 8명에서 10명 정도가 한 그룹이 된다.
3. **효과** : ㉠ 자신을 소개할 수 있는 좋은 기회가 된다.
   ㉡ 구성원 개개인 간의 이해가 깊어진다.
   ㉢ 자신을 분석적으로 이해하게 된다.
4. **시간** : 약 60분 (생각과 기록 10분, 기록에 대한 설명 40분, 피드백 10분)
5. **방법** : ㉠ 형제간에(동생은 형, 형은 동생) 느끼는 시기와 질투를 생각해 보면서 언제, 어떤 일에 이런 감정을 느끼는 지 기록해 본다.

ⓛ 형제가 없는 경우에는 남자 간에 느끼는 시기와 질투를 생각해 보고, 생각나는 대로 다섯 가지만 기록해 본다.
ⓒ 그같은 컴프렉스를 어느 때 느끼게 되는지를 분석해 보자.
㉣ 기록된 가인적 컴프렉스 중에서 가장 심한 것 또는 심각한 것들부터 순위를 정한다.
㉤ 기록을 마쳤으면 서로 기록된 내용들을 발표해 본다.
㉥ 서로 발표된 내용 중에 다른 사람의 것과 유사한 점과 차이점은 무엇인지 비교해 보자.
㉦ 모든 과정을 마쳤으면 이 프로그램을 통해서 무엇을 느꼈는 지 토의해 보자.

## ■ 가인적 컴프렉스 (Cain's Complex)

| 번호 | 가인적 컴프렉스의 내용 | 언 제 | 순 위 |
|---|---|---|---|
| 1 | | | |
| 2 | | | |
| 3 | | | |
| 4 | | | |
| 5 | | | |

# 57. 상처받은 마음
## (A Hurt of Heart)

　대인관계 상황 속에서 마음의 상처를 받아보지 않은 사람은 거의 없을 것이다. 다른 사람으로 부터 많은 상처를 받고 살지만 때로 우리는 우리 자신이 그 깊은 상처를 주는 장본일 일 때도 있을 것이다. 또한 상대방은 상처를 주고자 하는 악의에서 한 말이 아닐찌라도 자신의 마음 속에는 깊은 상처로 남는 경우도 있을 수 있다. 대체로 우리는 다른 사람으로부터 받은 상처만 심각하게 기억날 뿐 자신이 다른 사람에게 준 상처에 대해서는 기억조차도 없는 경우가 대부분이며 혹시 자신에게 상처받은 사람이 "너로부터 상처를 받았노라"고 이야기 해 오면 "그 까짓것 가지고 상처를 받느냐?"고 반문하기에 이른다. 이처럼 우리는 주는 상처에 둔감하고 받는 상처에 민감하다.
　우리는 이 과정을 통해서 주고 받은 자신의 상처를 분석해 보고 어떤 일에 어떤 상처를 받는 지 서로 토의해 보자.

1. **적용** : 고등학생 및 대학생 그룹의 남·녀
2. **인원** : 8명에서 10명 정도가 한 그룹이 된다.
3. **효과** : ㉠ 대인관계 상황을 분석하게 된다.
　　　　　㉡ 다른 사람의 감정에 대해서 깊이 이해하는 마음이 생긴다.
　　　　　㉢ 사람마다 느낌의 차이가 있음을 알게 되며 느낌의 차이는 때로

다.

**4. 시간 :** 약 60분 (생각과 기록 10분, 기록에 대한 설명 40분, 피드백 10분)

**5. 방법 :** ㉠ 다른 사람으로부터 상처를 받은 것이 있는 지에 대해서 생각해 본다.

㉡ 상처받은 내용들을 생각나는 대로 다섯 가지만 기록해 본다.

㉢ 기록된 내용 중에서 가장 많은 상처를 받은 것부터 순위를 정한다.

㉣ 또 상처를 주었을 것이라고 생각하는 내용들을 생각하여 기록해 본다.

㉤ 기록된 내용 중에서 가장 많은 상처를 주었다고 생각되는 것부터 순위를 정한다.

㉥ 기록을 마쳤으면 서로 기록된 내용들을 발표한다.

㉦ 서로 발표된 내용 중에 다른 사람의 것과 유사한 점과 차이점은 무엇인지 비교해 보자.

㉧ 모든 과정을 마쳤으면 이 프로그램을 통해서 무엇을 느꼈는지 토의해 보자.

## ■ 상처받은 마음 (A Hurt of Heart)

| 번호 | 내게 상처를 준 사람 | 상처받은 내용 | 순  위 |
|---|---|---|---|
| 1 |  |  |  |
| 2 |  |  |  |
| 3 |  |  |  |
| 4 |  |  |  |
| 5 |  |  |  |

## ■ 상처 준 마음 (A Hurt of Heart)

| 번호 | 내가 상처를 준 사람 | 상처를 준 내용 | 순 위 |
|---|---|---|---|
| 1 | | | |
| 2 | | | |
| 3 | | | |
| 4 | | | |
| 5 | | | |

# 58. 마슬로우의 욕구 단계
(Maslow's Needs)

아브라함 마슬로우(Abraham Maslow)의 욕구의 위계설에 의한다면 인간의 욕구를 크게 두 가지, 즉 높은 수준의 욕구와 낮은 수준의 욕구로 대별하고 높은 수준의 욕구에 있어서는 안전의 욕구, 소속감의 욕구, 자존의 욕구, 인지적 욕구, 심미적 욕구, 그리고 자아실현의 욕구가 있다고 분석했다. 인간은 삶의 과정에 있어서 하위 욕구가 만족되면 상위 욕구를 향하여 끊임없이 충족, 만족을 얻으려는 본능이 있다는 것이다. 이 욕구를 성취하려는 동기는 누구에게나 있는 것이며 이를 위해서 사람이 살아가고 있다고 생각한 것이다.

우리는 이 과정을 통해서 자신의 욕구 수준이 어느 정도 수준에 이르렀는 지를 분석해 보고 다른 사람의 욕구에 대해서도 이해해 보자.

1. **적용** : 고등학생 및 대학생 그룹의 남·녀
2. **인원** : 8명에서 10명 정도가 한 그룹이 된다.
3. **효과** : ㉠ 자신의 욕구 수준을 분석하게 된다.
    ㉡ 다른 사람의 욕구에 대해서 깊이 이해하는 마음이 생긴다.
    ㉢ 사람마다 욕구의 차이가 있음을 알게 되며 그 욕구의 차이는 삶의 방향을 바꾼다는 것을 발견하게 된다.
4. **시간** : 약 60분 (생각과 기록 10분, 기록에 대한 설명 40분, 피드백 10분)
5. **방법** : ㉠ 예문으로 기록된 마슬로우의 욕구 단계를 읽고 자신에게

적용되거나 그 욕구에 해당되는 자신의 일, 욕구, 상황 등을 기고한다.
ⓒ 기록된 내용에 대해서 욕구의 정도를 수, 우, 미, 양, 가의 형식으로 욕구들 마다 스스로 평가한다.
ⓒ 모든 욕구들을 서로 비교하면서 자신의 가장 강한 욕구가 어떤 것인가를 생각해 보고 그 순위를 기록한다.
ⓔ 기록을 마쳤으면 서로 기록된 내용들을 발표한다.
ⓜ 서로 발표된 내용 중에 유사한 점과 차이점은 무엇인지 비교해 보자.
ⓗ 모든 과정을 마쳤으면 이 프로그램을 통해서 무엇을 느꼈는 지 토의해 보자.

## ▣ 마슬로우의 욕구 단계 (Maslow's Needs)

| 수준 | 욕구내용 | | 적용내용 | 정도 | 순위 |
|---|---|---|---|---|---|
| 높은 수준의 욕구 | 자아실현 욕구 | 자기 완성을 하고 자신이 가지고 있는 잠재적 능력의 모든 것을 실현하는 일 | | | |
| | 심미적 욕구 | 질서, 구조 그리고 아름다움을 추구하고자 하는 일 | | | |
| | 인지적 욕구 | 무엇인가를 이해하고 탐구하기 위한 일 | | | |
| | 자존의 욕구 | 승인과 인정을 받고자 하는일 | | | |
| | 소속감의 욕구 | 다른 사람에게서 수용되고 사랑을 받으려는 일 | | | |
| 낮은 수준의 욕구 | 안전의 욕구 | 신체적으로나 심리적으로 위협에서부터 벗어나 안정감을 느끼고자 하는 일 | | | |
| | 생리적 욕구 | 기본적인 생존을 위한 욕구 즉 공기, 휴식, 음식 등을 가지려는 일 | | | |

## 59. 남자라면, 여자라면
(If I Were a Man or a Woman)

우리는 현실적으로 있을 수 없는 일들, 즉 전혀 현실에서 실현 불가능한 일들을 상상하면서 자신의 희구를 표출시키는 경우가 있다. 이를테면 대통령이 되는 것이란 현실적으로 불가능한 일이지만 "내가 만일 대통령이 된다면, 나는 정치를 이런식으로는 하지 않을 것이다…"하는 등의 바램을 나타내게 되는 것이다. 특히 그 가운데서 "내가 만일 여자였다면, 내가 만일 남자였다면, …한 일들을 할 수가 있었을텐데…"하는 현실적으로 실현 불가능한 일들을 생각해 보곤 한다. 이런 상상 속에는 그 자신의 이루지 못한, 또는 이루고 싶어하는 희구가 담겨져 있다고 볼 수 있다.

우리는 이 과정을 통해서 실현 불가능한 일들이지만 서로에게 어떤 희구가 있는지를 이해해 보며, 특히 서로의 성(性)을 얼마만큼 이해하고 있는 지에 대해서도 분석해 보고 토의해 보자.

1. **적용** : 고등학생 및 대학생 그룹의 남·녀
2. **인원** : 8명에서 10명 정도가 한 그룹이 된다.
3. **효과** : ㉠ 대인관계 상황을 분석하게 된다.
   ㉡ 이성의 역할에 대해서 더욱 깊이 이해하는 마음이 생긴다.
   ㉢ 사람마다 느낌의 차이가 있음을 깊이 발견하게 된다.
4. **시간** : 약 60분 (생각과 기록 10분, 기록에 대한 설명40분, 피드백 10분)
5. **방법** : ㉠ 자신이 남자였다면(또는 여성이었다면) 어떤 일을 했을 것

인가에 대해서 생각나는 대로 다섯 가지만 기록해 본다.
ⓒ 그 내용들 중에서 가장 해보고 싶은 내용부터 순위를 정해 본다.
ⓒ 기록을 마쳤으면 서로 기록된 내용들을 발표한다.
ⓒ 서로 발표된 내용 중에 다른 사람의 것과 유사한 점과 차이점은 무엇인지 비교해 보자.
ⓒ 모든 과정을 마쳤으면 이 프로그램을 통해서 무엇을 느꼈는 지 토의해 보자.

## ■ 남자라면, 여자라면
   (If I Were a Man or a Woman)

| 번호 | 남자라면, 여자라면 | 희구의 정도 | 순 위 |
|---|---|---|---|
| 1 |  |  |  |
| 2 |  |  |  |
| 3 |  |  |  |
| 4 |  |  |  |
| 5 |  |  |  |

## 60. 역 설
(Paradox)

기독교의 가르침은 많은 역설의 진리를 담고 있다. 역설(Paradox)이란 "상식에서 어긋나는 것 같은 진리"를 일컫는 말이다. 이를테면 "죽어야 산다. 그리고 살고자 한다면 죽어라" "높아지려고 하면 낮아지고, 낮아지려고 하면 높아진다" "갖고자 하면 나누어 주라"는 등의 이야기는 아무리 진리라고는 하지만 상식적으로 쉽게 이해가 되거나 납득이 가지 않는 말들이다. 이러한 진리들은 성경의 여기저기에 기록되어 있는 것들로써 기독교인의 삶에 많은 영향을 주고 있는 것들이다.

우리는 이 과정을 통해서 이러한 역설이 실제로 나타난 일들이 있었는지 살펴보고 서로 그 경험들을 나누며 토의해 보자

1. **적용** : 고등학생 및 대학생 그룹의 남·녀
2. **인원** : 8명에서 10명 정도가 한 그룹이 된다.
3. **효과** : ㉠ 성경의 역설에 대한 이해가 깊어진다.
   ㉡ 자신의 삶의 과정을 성경적인 역설적 시각에서 평가하게 된다.
   ㉢ 사람마다 느낌과 해석의 차이가 있음을 깊이 발견하게 된다.
4. **시간** : 약 60분 (생각과 기록 10분, 기록에 대한 설명40분, 피드백 10분)
5. **방법** : ㉠ 성경에 나타난 역설의 진리를 아는 대로[역설Ⅰ]에 기록한

다.
ⓛ 성구 사전을 준비하여 성경 구절을 기록할 수도 있으나 성구 사전이 준비 되어 있지 않으면 생각나는 대로 그 내용만 다섯 가지를 기록해 본다.
ⓒ 기록된 역설의 진리에 대한 주제들을 한 단어로 요약한다.
ⓔ 다른 구성원의 기록과 비교해 보고, 자신이 미쳐 생각해 내지 못한 내용들을 다른 구성원들에게서 발견했다면 추가로 기록해 넣는다.
ⓜ [역설Ⅱ]로 넘어가서 [역설Ⅰ]의 내용중에서 실제로 경험했던 내용들이 있으면 그 내용들을 간단히 기록한다.
ⓗ 기록된 역설의 진리 중에서 가장 실감있게 마음에 와 닿는 내용부터 순위를 정한다.
ⓢ 기록을 마쳤으면 각자가 기록된 내용 가운데서 다섯가지만 발표하도록 한다.
ⓞ 서로 발표된 내용 중에 다른 사람의 것과 유사한 점과 차이점은 무엇인지 비교해 보자.
ⓩ 모든 과정을 마쳤으면 이 프로그램을 통해서 무엇을 느꼈는 지 토의해 보자.

## ■ 역설 I (Paradox)

| 번 호 | 성경에 나타난 역설의 진리 | 성 경 구 절 | 주    제 | 순 위 |
|---|---|---|---|---|
| 1 | | | | |
| 2 | | | | |
| 3 | | | | |
| 4 | | | | |
| 5 | | | | |

## ■ 역설Ⅱ(Paradox)

| 번호 | 역    설 | 역설의 체험 | 순  위 |
|---|---|---|---|
| 1 | | | |
| 2 | | | |
| 3 | | | |
| 4 | | | |
| 5 | | | |

## 61. 대인관계 비법
### (Secret Methods of Human Relationship)

> 사람은 누구든지 살아가면서 자신만이 간직하고 있는 삶의 지혜와 비법들이 있게 마련이다. 이것은 대체적으로 많은 경험들을 통해서 얻어진 것으로써 실패와 실수, 성공의 반복된 체험들이 가져다 주는 지혜인 것이다. 자신만이 가지고 있는 비법이란 그 사람을 다른 삶과 달리 성공으로 이끈 요소일 수가 있다.
> 우리는 이 과정을 통해서 대인관계 상황에서 다른 사람의 마음을 끌기 위한 자신의 비법들을 생각해 보고 서로 그 경험들을 나누며 토의해 보자.

1. **적용** : 고등학생 및 대학생 그룹의 남·녀
2. **인원** : 8명에서 10명 정도가 한 그룹이 된다.
3. **효과** : ㉠ 대인관계에 대한 이해가 깊어진다.
   ㉡ 자신의 삶의 과정을 점검하게 된다.
   ㉢ 사람마다 느낌과 생각의 차이가 있음을 깊이 발견하게 된다.
4. **시간** : 약 60분 (생각과 기록 10분, 기록에 대한 설명 40분, 피드백 10분)
5. **방법** : ㉠ 이성, 윗 사람, 아랫 사람, 그리고 사이가 틀어진 사람의 마음을 끄는 비법을 생각해 보고 생각나는 대로 세 가지씩 적어 보자

ⓛ 그러한 방법들을 사용하여 얻어진 결과를 실제 경험에 비추어 기록한다.
ⓒ 그 방법들 중에 가장 효과적이었던 것부터 순위를 적는다.
ⓡ 기록을 마쳤으면 각자가 기록된 내용들을 발표하도록 한다.
ⓜ 발표된 내용 중에서 다른 사람의 것과 유사한 점과 차이점은 무엇인지 비교해 보고, 자신이 미처 생각해 내지 못한 내용들을 다른 구성원들에게서 발견했다면 추가로 기록해 넣는다.
ⓗ 서로 발표된 내용 중에 다른 사람의 것과 유사한 점과 차이점은 무엇인지 비교해 보고, 자신이 미처 생각해 내지 못한 내용들을 다른 구성원들에게서 발견했다면 추가로 기록해 넣는다.
ⓢ 비법이 없을 때에도 자신의 단순한 경험을 적어도 좋다.
ⓞ 발표를 모두 마쳤으면 그룹 구성원들로부터 가장 높은 평가를 받은 내용부터 약 10가지 정도를 정리하여 그룹 지도자가 발표해 본다.
ⓩ 모든 과정을 마쳤으면 이 프로그램을 통해서 무엇을 느꼈는 지 토의해 보자.

## ■ 대인관계 비법
   (Secret Methods for Human Relationship)

### I. 이성의 마음을 끄는 비법

| 번호 | 비 법 | 결 과 | 순 위 | 그룹점수 |
|---|---|---|---|---|
| 1 | | | | |
| 2 | | | | |
| 3 | | | | |

### II. 윗 사람의 마음을 끈 비법

| 번호 | 비 법 | 결 과 | 순 위 | 그룹점수 |
|---|---|---|---|---|
| 1 | | | | |
| 2 | | | | |
| 3 | | | | |

## III. 아랫 사람의 마음을 끄는 비법

| 번호 | 비 법 | 결 과 | 순 위 | 그룹점수 |
|---|---|---|---|---|
| 1 | | | | |
| 2 | | | | |
| 3 | | | | |

## IV. 사이가 틀어진 사람의 마음을 끄는 비법

| 번호 | 비 법 | 결 과 | 순 위 | 그룹점수 |
|---|---|---|---|---|
| 1 | | | | |
| 2 | | | | |
| 3 | | | | |

## 62. 열등감
(A Sense of Inferiority)

열등감이 없는 사람은 아마 한 사람도 없을 것이다. 심리학자 가운데 특히 카렌 호니(Karen Horny)는 인간의 열등감과 불안에 대해서 깊이 연구한 학자이다. 대인관계 상황 속에서 비교 의식을 통해서 발생된 열등의식은 불안을 낳게 한다는 것이다. 이 같은 열등의식은 우월 의식과는 반대되는 심리로서 자기 자신을 다른 사람 앞에 떳떳하게 나서지 못하게 만드는 주범일 수가 있다. 우월 의식은 자신을 어떤 방법을 통해서든지 드러내 놓으려는 경향이 있는가 하면 열등의식은 어떤 방법을 통해서든지 다른 사람으로부터 은폐시키려는 경향이 있으므로 이를 분석한다는 것은 쉬운 일이 아닐 것이다.

우리는 이 과정을 통해서 자신에게 어떤 열등감이 있었는 지를 분석해 보고 열등감에 대한 경험들을 그룹에서 서로 나누어 보고 이를 극복하려는 의지를 가져보도록 하자.

1. **적용** : 고등학생 및 대학생 그룹의 남·녀
2. **인원** : 8명에서 10명 정도가 한 그룹이 된다.
3. **효과** : ㉠ 자기 자신에 대한 심리 가운데 열등감에 대하여 분석을 하게 된다
   ㉡ 사람마다 열등감을 느끼는 느낌과 생각의 차이가 있음을 깊이 발견하게 된다.
4. **시간** : 약 60분 (생각과 기록 10분, 기록에 대한 설명40분, 피드백 10분)

**5. 방법 :** ㉠ 자신이 느끼고 있는 열등감을 생각나는 대로 다섯 가지만 기록해 본다.
㉡ 왜 그와같은 열등감이 생기게 되었는 지를 분석하여 원인을 적는다.
㉢ 그 열등감으로 인해서 받는 피해가 있었는 지, 있었으면 어떤 피해였는 지 기록한다.
㉣ 열등감을 해소 및 극복하기 위해서 자신이 취한(추해야 할) 행동에는 어떤 것들이 있었는 지(있을 지) 분석하여 기록한다.
㉤ 가장 피해가 심한 또는 가장 먼저 해결하고 극복해야 될 열등감부터 순위를 적는다.
㉥ 기록을 마쳤으면 각자가 기록된 내용들을 발표하도록 한다.
㉦ 서로 발표된 내용 중에 다른 사람의 것과 유사한 점과 차이점은 무엇인지 비교해 본다.
㉧ 모든 과정을 마쳤으면 이 프로그램을 통해서 무엇을 느꼈는 지 토의해 보자.

## ■ 열등감(A Sense of Inferiority)

| 번호 | 열등감의 내용 원인 | 피해 및 영향 | 극복및 해소 방안 | 순 위 |
|---|---|---|---|---|
| 1 | | | | |
| 2 | | | | |
| 3 | | | | |
| 4 | | | | |
| 5 | | | | |

## 63. 좋은 아들, 좋은 딸
### (Good Son and Good Daughter)

> 인간은 누구든지 부모에 대해서 자식이라는 관계로부터 인간관계가 형성된다. 사회윤리에서 자식은 부모에 대해서 효도해야 한다는 것을 요구받으며 살아간다. 이것은 기독교 윤리의 기본이기도 하다. 어떻게 하는 것이 부모에 대하여 좋은 아들, 좋은 딸이 될 수 있을지에 대해서 생각해 보자.

1. **적용** : 중·고등학생 및 대학생 그룹의 남·녀
2. **인원** : 8명에서 10명 정도가 한 그룹이 된다.
3. **효과** : ㉠ 자신을 소개할 수 있는 좋은 기회가 된다.
   ㉡ 구성원 개개인 간의 이해가 깊어진다.
   ㉢ 그룹의 분위기를 친밀하게 한다.
4. **시간** : 약 60분 (생각과 기록 10분, 기록에 대한 설명 40분, 피드백 10분)
5. **방법** : ㉠ 가정에서 좋은 아들 또는 좋은 딸이 되기 위한 필수 조건은 무엇인지에 대해서 생각 나는 대로 다섯 가지만 기록한다.
   ㉡ 기록한 내용들 중에서 가장 지키기 어려운 내용으로부터 순위를 정한다.
   ㉢ 기록을 마쳤으면 기록된 내용들을 서로 발표해 본다.
   ㉣ 모두 발표를 마쳤으면 다른 사람들의 내용을 자신의 것과

비교해 보고 그룹에서 열 가지 내용을 다시 정리해 본다.
㉮ 모든 과정을 마쳤으면 이 프로그램을 통해서 무엇을 느꼈는 지에 대해서 토의해 본다.

## ■ 좋은 아들, 좋은 딸
(Good Son and Good Daughter)

| 번호 | 좋은 아들, 좋은 딸 | 순위 |
|---|---|---|
| 1 | | |
| 2 | | |
| 3 | | |
| 4 | | |
| 5 | | |

## 64. 오  해
(Misunderstanding)

> 대인관계 상황 속에서 오해가 발생된다는 것은 그 관계가 바람직한 관계가 아니었음을 단적으로 보여주는 결과이다. 서로 오해를 해서도 안되며 오해를 받는다는 것은 더욱 유쾌한 일이 되지 못한다. 그러나 실제의 대인관계 상황에서 오해는 수없이 발생되고 있는 것이 현실이다. 이를 분석해 보면서 오해를 해소할 수 있는 방안들을 모색해 보자.

1. **적용** : 고등학생 및 대학생 그룹의 남·녀
2. **인원** : 8명에서 10명 정도가 한 그룹이 된다.
3. **효과** : ㉠ 대인관계에 대한 이해가 깊어진다.
   ㉡ 구성원 개개인 간의 이해가 깊어진다.
   ㉢ 자신을 분석적으로 이해하게 된다.
   ㉣ 사람마다 느낌과 생각이 차이가 있음을 깊이 발견하게 된다.
4. **시간** : 약 60분 (생각과 기록 10분, 기록에 대한 설명40분, 피드백 10분)
5. **방법** : ㉠ 자신이 오해받았던 내용들을 생각나는 대로 다섯가지만 기록해 본다.
   ㉡ 오해받았던 일 가운데 가장 큰 오해의 순서대로 순위를 적어 본다.

ⓒ 오해가 발생하게 된 원인을 분석해서 기록해 본다.
ⓔ 그러한 오해의 결과는 어떠했는가를 적어 본다.
ⓜ 오해를 해결하기 위한 나름대로의 방안을 기록해 본다.
ⓗ 같은 방법으로 오해해 보았던 내용들을 기록해 본다.
ⓢ 모든 과정을 마쳤으면 적은 것을 서로 발표해 본다.
ⓞ 이 프로그램을 통해서 무엇을 느꼈는 지 토의해 보자.

## ◼ 오해(Misunderstanding)

### Ⅰ. 오해를 받아 보았던 일

| 번호 | 오해의 내용 | 오해의 발생 원인 | 오해의 결과 | 해결순위 |
|---|---|---|---|---|
| 1 | | | | |
| 2 | | | | |
| 3 | | | | |
| 4 | | | | |
| 5 | | | | |

## II. 오해를 해 보았던 일

| 번호 | 오해의 내용 | 오해의 발생 원인 | 오해의 결과 | 해결순위 |
|---|---|---|---|---|
| 1 | | | | |
| 2 | | | | |
| 3 | | | | |
| 4 | | | | |
| 5 | | | | |

## 65. 정의와 이해의 차이
(Difference between the Definition and the Understanding)

어떤 개념에 대한 정의는 사전적 의미를 따르는 것이 일반적이다. 그러나 유사한 개념과 정의를 접할 때 그 차이를 인식하기란 쉬운 일이 아니다. 사전없이 유사한 몇 가지 단어들을 이해하고 있는대로 정의를 내려보고 또 다른 사람의 정의와 비교하여 보며 또한 사전의 정확한 뜻을 찾아 비교하여 보면서 각자가 있는 관념 및 개념의 차이를 분석하고 이해해 보자.

1. **적용** : 고등학생 및 대학생 그룹의 남·녀
2. **인원** : 8명에서 10명 정도가 한 그룹이 된다.
3. **효과** : ㉠ 그룹 구성원 개개인 간에 이해가 깊어진다.
   ㉡ 그 단어를 사용하는 예문을 만들어 본다.
   ㉢ 사람마다 느낌과 생각의 차이가 있음을 깊이 발견하게 된다.
4. **시간** : 약 60분 (생각과 기록 10분, 기록에 대한 설명40분, 피드백 10분)
5. **방법** : ㉠ 제시된 단어들에 대해서 나름대로 정의를 내려본다.
   ㉡ 그 단어를 사용하는 예문을 만들어 본다.
   ㉢ 제시된 단어들의 유사점과 차이점을 기록해 본다.
   ㉣ 기록을 마쳤으면 서로 발표해 본다.
   ㉤ 모든 과정을 마쳤으면 이 프로그램을 통해서 무엇을 느꼈

는 지 토의해 보자.
6. **기타** : 지도자는 이 프로그램을 시작하기 전에 제시된 용어의 뜻과 개념에 대해서 사전을 통하여 충분히 이해해야 한다.

## ▣ 정의와 이해의 차이
(Difference between the Definition and the Understanding)

### I. 국과 찌개

|  | 자신의 정의 | 그룹의 정의 | 사전적 의미 |
|---|---|---|---|
| 국 |  |  |  |
| 예문 |  |  |  |
| 찌개 |  |  |  |
| 예문 |  |  |  |

### II. 회전과 순환

|  | 자신의 정의 | 그룹의 정의 | 사전적 의미 |
|---|---|---|---|
| 회전 |  |  |  |
| 예문 |  |  |  |
| 순환 |  |  |  |
| 예문 |  |  |  |

## III. 시기과 질투

|  | 자신의 정의 | 그룹의 정의 | 사전적 의미 |
|---|---|---|---|
| 시기 |  |  |  |
| 예문 |  |  |  |
| 질투 |  |  |  |
| 예문 |  |  |  |

## IV. 경쟁과 대결

|  | 자신의 정의 | 그룹의 정의 | 사전적 의미 |
|---|---|---|---|
| 경쟁 |  |  |  |
| 예문 |  |  |  |
| 대결 |  |  |  |
| 예문 |  |  |  |

## V. 인정과 긍정

|  | 자신의 정의 | 그룹의 정의 | 사전적 의미 |
|---|---|---|---|
| 인정 | | | |
| 예문 | | | |
| 긍정 | | | |
| 예문 | | | |

## VI. 행동과 태도

|  | 자신의 정의 | 그룹의 정의 | 사전적 의미 |
|---|---|---|---|
| 행동 | | | |
| 예문 | | | |
| 태도 | | | |
| 예문 | | | |

## 66 최근에 있었던 일
### (Recent Events)

1. **적용** : 중·고등학생 및 대학생 그룹의 남·녀
2. **인원** : 8명에서 10명 정도가 한 그룹이 된다.
3. **효과** : ㉠ 자신을 분석적으로 이해하게 된다.
   ㉡ 그룹 구성원 개개인 간에 이해가 깊어진다.
   ㉢ 그룹의 분위기를 친밀하게 한다.
   ㉣ 자신을 소개할 수 있는 좋은 기회가 된다.
   ㉤ 그룹의 분위기를 친밀하게 한다.
4. **시간** : 약 60분 (생각과 기록 10분, 기록에 대한 설명 40분, 피드백 10분)
5. **방법 1** : ㉠ 최근 6개월 동안에 있었던 일들(좋은 일이나 나쁜일을 막론하고) 가운데 생각나는 대로 다섯 가지만을 기록해 본다.
   ㉡ 가장 좋았던 일이나, 가장 충격적이었던 일로부터 순위를 적는다.
   ㉢ '구분'란에는 좋았던 일이었는 지, 나빴던 일이었는 지를 기록한다.
   ㉣ 기록을 마쳤으면 기록된 내용을 서로 발표해 보자.
   ㉤ 모든 과정을 마쳤으면 이 과정을 통해서 무엇을 느꼈는지 서로 토의해 보자.

## ■ 최근에 있었던 일

| 번호 | 최근에 있었던 일 | 구　　분 | 순 위 |
|---|---|---|---|
| 1 | | | |
| 2 | | | |
| 3 | | | |
| 4 | | | |
| 5 | | | |

## 67. 끼리 끼리
(Peer Group)

　사람은 항상 유유상종, 즉 같은 성격을 가진 사람들끼리 모이게 되는 성향이 있다. 그룹 구성들 가운데 다음과 같이 제시한 사람들 : 연극을 좋아하는 사람들끼리, 등산을 좋아하는 사람들끼리, 음악을 좋아하는 사람들끼리, 중국 음식을 좋아하는 사람들끼리, 수영을 좋아하는 사람들끼리, 노래부르기를 좋아하는 사람들끼리, 독서를 좋아하는 사람들끼리, 중국 영화를 좋아하는 사람들끼리, 컴퓨터를 좋아하는 사람들끼리, 다이어트를 하는 사람들끼리 모여서 자신들의 좋아하는 것들에 대해서 토의하며 그것을 좋아함으로써 생기는 단점에 대해서 토의해 보는 기회를 갖게 한다.

1. **적용** : 중·고등학생 및 대학생 그룹의 남·녀
2. **인원** : 10명에서 50명 정도가 한 그룹이 된다.
3. **효과** : ㉠ 그룹 구성원 개개인 간에 이해가 깊어진다.
　　　　　㉡ 그룹의 분위기를 친밀하게 한다.
　　　　　㉢ 자신을 소개할 수 있는 좋은 기회가 된다.
　　　　　㉣ 자신의 취미를 분석적으로 이해하게 된다.
4. **시간** : 약 60분 (생각과 기록 10분, 기록에 대한 설명 40분, 피드백 10분)
5. **방법** : ㉠ 제시된 내용대로 해당되는 사람끼리 모인다. 여러 가지에 해당되는 사람이 있을 수 있겠지만 가장 좋아하는 그룹에

　　　　　포함되어야 한다.
　　　　ⓛ모여서 각자 소개를 한 뒤 그것을 좋아함으로써 발생되는
　　　　　장점과 단점을 각자 기록한다.
　　　　ⓒ기록을 마쳤으면 기록된 내용을 서로 발표해 보자.
　　　　㉢각자의 의견을 발표한 후, 그룹의 의견을 종합해 본다.
　　　　㉣모든 과정을 마쳤으면 이 프로그램을 통해서 무엇을 느꼈
　　　　　는 지 토의해 보자.
**6. 기타** : 제시된 내용을 바꾸어서 할 수도 있으며, 제시된 내용 중에서
　　　　　일부만 선택하여 실시할 수도 있다.

## ■ 끼리끼리(Peer Group)

| 번호 | 내 용 | 장 점 | 단 점 |
|---|---|---|---|
| 1 | 연극을 좋아하는 사람들끼리 | | |
| 2 | 등산을 좋아하는 사람들끼리 | | |
| 3 | 음악을 좋아하는 사람들끼리 | | |
| 4 | 중국 음식을 좋아하는 사람들끼리 | | |
| 5 | 수영을 좋아하는 사람들끼리 | | |
| 6 | 노래부르기를 좋아하는 사람들끼리 | | |
| 7 | 독서를 좋아하는 사람들끼리 | | |
| 8 | 중국 영화를 좋아하는 사람들끼리 | | |
| 9 | 컴퓨터를 좋아하는 사람들끼리 | | |
| 10 | 다이어트를 하는 사람들끼리 | | |

## 68. 역할극
### (Role Play)

역할극을 통해서 그 역할에 대해서 다소간에 이해할 수 있는 계기가 될 수 있을 것이다. 여기에 제시된 인물들은 가정에서 갈등을 일으키기에 충분한 성격을 가진 사람들이다. 이 과정을 통해서 가상 상황으로 가정의 갈등을 표출하여 해결하는 과정에 참여해 보자.

1. **적용** : 고등학생 및 대학생 그룹의 남·녀
2. **인원** : 5명 정도가 한 그룹이 된다.
3. **효과** : ㉠ 그룹 구성원 개개인 간에 이해가 깊어진다.
   ㉡ 서로 상대방의 마음을 이해할 수 있는 기회가 된다.
   ㉢ 그룹의 분위기를 친밀하게 한다.
   ㉣ 대인관계 상황에 대해서 깊이 생각하게 된다.
4. **시간** : 약 60분 (생각과 기록 10분, 기록에 대한 설명 40분, 피드백 10분)
5. **방법** : ㉠ 다음에 등장하는 네 사람을 구성원 간에 적당하게 배역을 맡는다.
   ㉡ 다음에 기록된 사람들의 성격을 그대로 반영하여 10분간 역할극을 한다.
   ㉢ 역할극을 어떤 내용으로 어떻게 이끌고 갈 것인가를 기록한 후 순서를 정하여 연극을 해보자.
   ㉣ 모든 과정을 마쳤으면 이 과정을 통해서 무엇을 느꼈는 지

서로 토의해 보자.
**6. 기타 :** 사전에 연극의 방향에 대한 토의없이, 또는 전혀 대사없이 배역의 성격만을 분명히 하고 역할극을 할 수도 있다.

## ■ 역할극 (Role Play) 등장인물

1. 아버지의 성격:
   - 자녀의 기분을 전혀 이해 못하시는 아버지.
   - 자녀에게 공부하라고 강요하시는 아버지.
   - 어머니와 상의하거나 협의함이 없이 자기 주관이 강하신 아버지.

2. 어머니의 성격:
   - 자상하시고 자녀의 기분을 이해하시는 어머니.
   - 자녀의 건강에 더 관심이 많으신 어머니.
   - 모든 문제를 자녀와 또 아버지와 상의하시려고 하시는 어머니.

3. 아들의 성격:
   - 공부를 열심히 했으나 최근 몸이 피곤하여 공부가 싫어진 아들.
   - 부모의 말씀에 절대적으로 순종했으나 최근 반항심이 생긴 아들.
   - 삶의 회의가 오고 모든 일에 부정적인 생각을 갖게 된 아들.

4. 딸의 성격:
   - 공부를 열심히 하고 있으나 성적이 오르지 않는 딸.
   - 남매간에 서로 이해하지 못하고 자주 다투는 딸.
   - 어머니의 말씀은 절대적으로 잘 순종하나 아버지의 말씀은 무시하는 딸.

5. 함께 사는 결혼하지 않은 고모(여자 역) 또는 삼촌(남자 역)
   - 아버지가 옳든지, 그르든지 철저하게 아버지 편인 고모(삼촌).
   - 옆에서 늘 아버지 입장으로 훈수두시는 얄미운 고모(삼촌).
   - 조카들의 입장을 전혀 이해하지 못하는 고모(삼촌).

▣ **역할극의 내용 기록**

# 은혜출판사의 신앙서적

### National Bestseller
### 현장체험 정말 지옥은 있습니다

사람들은 지옥에 대하여 관심과 두려움을 느낍니다. 성경에 기록된 지옥(마 5:22)은 참혹합니다. 이 책의 강력한 메시지는 신자든 아니든, 자기 삶을 진지하게 생각하여 자기 회개를 통한 구원을 받게 하는데 목적이 있습니다.
하나님 앞에 바로 선 사람만이 구원을 받습니다.

메어리 캐더린 백스터 지음 / 김유진 옮김 / 신국판 / 값 6,800 원

21세기교회비전시리즈 제3권
### 21세기 성도는 삶으로 아멘을 말하라

21세기 성도는 삶으로 아멘을 말함으로 어두운 세상을 밝히고 그리스도 제자로서 그 빚된 행실과 삶을 선포할 수 있습니다.

제1권  21세기 제자는 십자가 흔적을 가져라(제자론) - 값 7,400원
제2권  21세기 교사는 지도자 영성을 회복하라(교사론) - 값 6,000원

정준모 저 / 3권 값 8,500 원

### 아픈 기억으로 부터의 자유

상담자를 찾을 수 없는 독자들을 위해 이 책은 자신의 증세를 치료하는 일에 도움이 필요하다는 것을 깨달을 수 있도록 쓰여졌습니다.

Florence and Fred Littauer 공저
/이승재 · 황원남 공역 /값 8,800 원

## 그룹활동과 인간관계 훈련 II

인쇄일 1996년 10월 1일
**2쇄** 1998년 1월 30일

지은이 전요섭
펴낸이 장사경

펴낸곳 은혜출판사
제작처 은혜기획

등록 제1-618호(88. 1. 7)
주소 서울 종로구 숭인1동 179-53호
전화 744-4029, 762-1485
FAX 744-6578, 080-023-6578

© 1996 Grace Publisher, Printed in Korea
ISBN 89-7917-079-3 03230

▶은혜기획 : 기획에서 편집까지 저렴한 가격으로 출판대행
(T) 762-1485, (F) 744-6578